Die schönsten Geschichten aus der Bibel

Für Kinder neu erzählt

Heinrich Peuckmann
wurde 1949 als Sohn einer Bergmannsfamilie in Kamen geboren,
studierte Germanistik und Theologie in Bochum und wurde Lehrer an einem Gymnasium.
Seit Anfang der siebziger Jahre schreibt er Romane, Erzählungen,
Kurzgeschichten und Hörspiele für Kinder, Jugendliche und Erwachsene
sowie lyrische Beiträge, Theaterstücke und Fernsehdrehbücher.
Heinrich Peuckmann ist verheiratet und Vater von drei Jungen.
»Die schönsten Geschichten aus der Bibel« ist seine erste Arbeit für den Arena Verlag.

Anne Ebert,
1963 in Moers am Niederrhein geboren, beschloss schon im Alter
von sechs Jahren Buchillustratorin zu werden. Sie studierte Grafikdesign an der
Fachhochschule Münster und ist seit 1989 für verschiedene Verlage
in den unterschiedlichsten Bereichen tätig.
Am liebsten beschäftigt sie sich aber mit Kinder- und Jugendliteratur.
Für den Arena Verlag hat sie schon viele Bücher illustriert.

Die schönsten Geschichten aus der Bibel

Für Kinder neu erzählt von Heinrich Peuckmann

Mit Bildern von Anne Ebert

Arena

In neuer Rechtschreibung

1. Auflage 2001
© 2001 by Arena Verlag GmbH, Würzburg
Alle Rechte vorbehalten
Einband und Innenillustrationen: Anne Ebert
Gesamtherstellung: Westermann Druck Zwickau GmbH
ISBN 3-401-05236-5

Inhalt

Es werde Licht

Wie alles begann

Bevor die Welt entstand, war nur Gott da. Es gab niemand sonst, über den er sich freuen konnte. Natürlich auch keinen, über den er sich ärgern musste. Gott war ganz allein da. Da beschloss er die Welt zu erschaffen. Die Sonne, die unzähligen Sterne und unsere Erde mit allem darauf, was lebt und wächst. Dazu brauchte Gott keine Werkzeuge. Er musste einfach aussprechen, was entstehen sollte. Schon war es da. So allmächtig ist Gott.

Zuerst schuf Gott den Himmel und die Erde. Auf der Erde war es aber stockfinster. Deshalb sagte Gott: »Es soll Licht werden!« Da entstand das Licht. Eine Zeit lang ließ Gott es hell bleiben, dann drang wieder Dunkelheit vor. So entstanden Tag und Nacht. Gott ließ es Abend werden, dann Morgen und die Welt hatte ihren ersten Tag erlebt.

Überall war die Erde mit Wasser bedeckt. Also sagte Gott: »Das Wasser soll sich zurückziehen, damit Trockenes entsteht.« Das Trockene nannte er Land, das Wasser nannte er Meer.

Dann wollte Gott, dass auf dem Land Sträucher, Blumen und Bäume wachsen, viele verschiedene Arten. Genau so geschah es. Gott war sich aber nicht sicher, ob alles, was er erschaffen hatte, gut war. Deshalb sah er es sich genau an. Erst dann nickte er zufrieden.

Jetzt waren schon drei Tage vergangen.

Am vierten Tag schuf er die Sonne, die am Tage leuchtet, dazu den Mond, der unseren Schlaf bewacht.

Dann sprach Gott: »Im Wasser soll es von Krebsen und Fischen wimmeln und am Himmel sollen die Vögel fliegen.« Da fing das Wasser an zu brodeln, so viele Fische tummelten sich darin. Und in den Bäumen zwitscherten die Vögel und erhoben sich in die Lüfte. Das hat Gott glücklich gemacht, denn er fand es schön, etwas Lebendiges zu beobachten.

Deshalb wollte er, dass noch mehr Tiere entstehen. All die Tiere, die auf der Erde laufen: die Löwen, Elefanten, Krokodile, Kamele und was es sonst noch gibt. Auch das geschah, nachdem er es ausgesprochen hatte.

Jetzt waren fünf Tage vergangen. Und obwohl Gott schon sehr zufrieden war mit seiner Schöpfung, hatte er sich das Beste für den sechsten Tag aufgespart.

»Jetzt will ich den Menschen machen«, sagte er. »Als Mann und Frau soll es ihn geben und als einziges Lebewesen soll er mir ähnlich sein.«

Als Gott die beiden vor sich sah, hob er seine Hände, segnete sie und sagte: »Alle Fische im Wasser, alle Vögel in der Luft, alle Pflanzen und Tiere auf dem Land vertraue ich euch an. Ihr sollt davon essen, aber ihr sollt sie auch beschützen. Das verlange ich von euch, weil ich es war, der sie geschaffen hat!«

Danach war Gott müde. Deshalb hat er am siebten Tag nichts mehr gemacht, sondern sich hingelegt und ausgeruht.

Natürlich hat er sich dabei seine Schöpfung angesehen.

Mit den Menschen ging zuerst alles gut. Gott hatte sie besonders lieb. Zwischen zwei Flüssen, an einer Stelle, wo es besonders fruchtbar war, pflanzte Gott den Garten Eden. Hier hinein setzte er Adam und Eva. So hießen die ersten Menschen.

Gott vertraute Adam und Eva so sehr, dass er es ihnen überließ, Namen für die Tiere zu finden. Er packte sich ein schwarz-gelb gestreiftes Tier, brachte es zu Adam und Eva und war gespannt darauf, welchen Namen sie sich dafür ausdenken würden.

»Das ist der Tiger«, sagte Eva. Gott nickte. Tiger schien ihm ein passender Name für die fauchende Katze zu sein. »Und dieser hier?«, fragte er und zeigte ihnen einen grauen Riesen mit Rüssel. »Das ist der Elefant«, sagte Adam. »E-le-fant«, wiederholte Gott und glaubte am Klang zu hören, wie riesig er war. Ein anderes, das schläfrig an einem Ast hing, nannten die Menschen Faultier. Darüber musste Gott lachen.

Das Pferd nannten sie Pferd, den Hund Hund – so bekamen alle Tiere ihre Namen.

Die Tiere taten den Menschen nichts und Adam und Eva ließen die Tiere in Ruhe.

Es war ein Leben im Paradies, jeder Tag war gleich schön. Das bedeutet aber, dass jeder Tag wie der andere war. Nichts Neues passierte. Und all die vielen tausend Tage, die folgten, würden genauso sein wie der Tag davor und der Tag danach.

Die Schlange war listiger als alle anderen Tiere im Garten Eden. Sie ahnte, dass die Menschen neugierig waren. Dass es ihnen nicht reichte, immer dasselbe zu erleben. Wenn sie es geschickt anstellte, konnte sie sie dazu verführen, etwas Neues auszuprobieren. Etwas, das sogar verboten war.

Die Schlange wusste, dass Gott einen besonderen Baum im Garten angepflanzt hatte. Wer die Früchte dieses Baumes aß, würde erkennen, was gut und was böse ist. Deshalb hatte Gott Adam und Eva vor dem Baum gewarnt: »Von allen Früchten, die im Garten wachsen, dürft ihr essen«, hatte er gesagt. »Aber die Früchte dieses Baumes sollt ihr nicht anrühren. Wenn ihr es dennoch tut, werdet ihr sterben.«

Adam und Eva hielten sich an Gottes Anweisung, aber die Schlange lockte die beiden. »Es stimmt gar nicht, dass ihr von den Früchten des Baumes sterben müsst«, zischte sie mit gespaltener Zunge. »Gott will bloß nicht, dass ihr seine Geheimnisse erfahrt. Wer von dem Baum isst, weiß, was gut und böse ist. Und wer das unterscheiden kann, weiß so viel wie Gott.«

Adam und Eva sahen die herrlichen Früchte, von denen sie noch nie gekostet hatten. Sie zögerten. Sie dachten an Gottes Verbot, aber die Schlange drängte sie. »Los«, zischte sie, »seid nicht feige. Probiert! Ihr werdet sehen, dass ich Recht habe.«

Da ging Eva hin, pflückte sich eine Frucht und biss hinein. Dann reichte sie die Frucht an Adam weiter und auch der probierte davon.

Im selben Moment waren sie andere Menschen. Es fiel ihnen auf, dass sie nackt waren. Vorher hatten sie sich nie darüber Gedanken gemacht! Jetzt meinten sie, sie müssten sich voreinander schämen. Auch Gott sollte sie nicht mehr unbekleidet sehen. Also brachen sie die großen Blätter des Feigenbaums ab, machten sich einen Schurz daraus und versteckten sich.

Am Abend ging Gott durch seinen Garten. Komisch, dachte er, heute sehe ich Adam und Eva gar nicht.

»Wo seid ihr?«, rief er. Er suchte sie auf der Wiese und unter den Bäumen. Als er sie endlich in einem Gebüsch entdeckte, wunderte er sich.

»Was ist denn mit euch los?«, fragte er. »Warum versteckt ihr euch vor mir?«

»Weil wir nackt sind«, antwortete Adam. »Wir wollen nicht, dass du uns so siehst.«

»Woher wisst ihr denn, dass ihr nackt seid?«, fragte Gott und im selben Moment kam ihm ein schrecklicher Gedanke.

»Habt ihr etwa von den verbotenen Früchten gegessen?« Zornesröte stieg ihm ins Gesicht.

Da wichen die beiden seinem Blick aus und starrten vor sich auf den Boden.

»Eva war's«, stotterte Adam. »Sie hat mich überredet.«

»Nein, nein!«, rief Eva. »Die Schlange war's. Sie hat uns verführt.«

Aber Gott war es egal, wer angefangen hatte und wer nicht. Alle drei hatten sein Verbot missachtet, alle drei hatten ihre Strafe verdient. Die Schlange bestrafte er damit, dass sie keine Beine mehr haben durfte. Als einziges Tier sollte sie über die Erde kriechen müssen.

Und zu Adam und Eva sagte er: »Bis jetzt habt ihr alles, was ihr essen wolltet, in meinem Garten gefunden. Er hat euch gegeben, was ihr zum Leben braucht. Von nun an müsst ihr selbst säen. Ihr müsst pflanzen und ernten, um genug zu essen zu haben. Der Schweiß soll euch dabei über die Stirn rinnen, Arme und Beine werden euch schmerzen. Denn ihr dürft nicht länger in meinem Garten bleiben. Und irgendwann, nach vielen Mühen, wird euer Leben ein Ende haben.«

Dann jagte er Adam und Eva hinaus in die Welt, in der die Tiere den Menschen angreifen. In der auch der Mensch den Menschen bedroht, weil er gelernt hat Böses zu tun.

Zum Schluss stellte Gott Engel vor das Tor seines Gartens. Mit flammenden Schwertern in der Hand bewachten sie ihn, sodass Adam und Eva sich nicht zurückschleichen konnten.

Was blieb ihnen anderes übrig, als sich in der Welt einzuleben? Sie hüteten ihr Vieh. Sie säten, sie rupften Unkraut und ernteten, damit sie am Abend zu essen hatten. Der Schweiß rann ihnen über die Stirn, Schwielen bildeten sich an den Händen und ihr Rücken schmerzte. Aber wenn sie die Arbeit geschafft hatten, waren sie auch zufrieden mit sich. Sie liebten sich und bekamen zwei Söhne. Den Ältesten nannten sie Kain, den jüngeren Abel.

Kain und Abel wuchsen heran und wählten verschiedene Berufe. Abel wurde ein Schäfer. Er trieb seine Schafe von Weide zu Weide und blieb so lange an einem Ort, bis seine Tiere das Gras abgefressen hatten. Dann wanderte er weiter. Kain war ein Bauer. Er blieb bei seinem Acker und wurde satt von dem, was er dort anpflanzte und erntete.

Eines Tages brachten beide Gott ein Opfer dar. Sie wollten ihm danken für das, was er ihnen gegeben hatte. Kain legte Pflanzen auf seinen Altar, Abel schlachtete ein Lamm. Sie zündeten ihr Opfer an. Der Rauch von Abels Altar stieg zum Himmel hinauf, wo Gott wohnte. Den Rauch von Kains Altar aber drückte der Wind zu Boden.

Gott nimmt mein Opfer nicht an, dachte Kain. Er mag mich nicht.

Abel rieb sich die Hände. Er lachte. »Siehst du, Gott liebt mich mehr als dich«, sagte er. »Er findet es gut, dass ich ein Schäfer bin und Vieh züchte.«

Kains Stirn verfinsterte sich. Was hatte er getan, dass Gott ihn weniger mochte als Abel? Hatte er weniger gearbeitet als er? Nein, er hatte sich genauso angestrengt wie sein jüngerer Bruder! Es war ungerecht, dass Gott sein Opfer nicht annahm. Kain wurde rot vor Zorn. Aber Gott konnte er nicht bestrafen. Gott war unerreichbar. Nur an seinem Bruder konnte er seine Wut auslassen.

»Komm«, sagte er, »lass uns auf mein Feld gehen. Ich will dir zeigen, wie gut meine Pflanzen wachsen.« Seine Stimme zitterte vor Wut.

Abel hörte das aber nicht. Er ging gerne mit. Wie sein Bruder Gemüse anbaute und Obst erntete, interessierte ihn. Heimlich, als sein Bruder nicht hinsah, hob Kain einen Stein vom Boden und hielt ihn versteckt hinter seinem Rücken.

Als sie zu Kains Feld kamen, sah Abel, dass das Gemüse prächtig gediehen war. Das Getreide stand hoch. Abel nickte anerkennend. »Trotzdem liebt Gott mich mehr, weil ich als Viehzüchter durch die Welt ziehe«, sagte er.

Da hob Kain seine Hand und schlug mit dem Stein zu. Abel blutete, aber Kain holte wieder und wieder aus. So lange schlug er zu, bis Abel tot war. Im ersten Moment fühlte er sich erleichtert. Seine Wut war verraucht. Dann aber schlug er entsetzt die Hand vor den Mund. Was hatte er getan? Er hatte gemordet! Er hatte Abel, seinen einzigen Bruder, umge-

bracht! Schnell verscharrte er den Leichnam im Feld, damit niemand ihn entdeckte.

Aber Gott merkte sofort, dass Abel verschwunden war.

»Wo ist er?«, fragte er Kain.

Kain zuckte mit den Schultern. »Woher soll ich das wissen? Bin ich etwa auf der Welt, um auf meinen Bruder aufzupassen?«

Dabei vermied er es, Gott anzuschauen.

So merkte Gott, dass Kain log. »Dein Acker ist rot gefärbt vom Blut«, sagte er. »Ich weiß längst, dass du Abel ermordet und verscharrt hast. Deshalb will ich dich von hier vertreiben. Du sollst dein Gemüse nur noch dort anbauen, wo es steinig ist. Und wenn du zu wenig erntest, musst du weiterziehen. Auf nichts sollst du dich mehr verlassen können in dieser Welt.«

Da bereute Kain, was er getan hatte. Wie gern hätte er seine Tat ungeschehen gemacht.

»Nirgendwo werde ich mehr ein Zuhause haben«, jammerte er. »Wenn ich andere Menschen treffe, werden sie mich wegjagen oder umbringen.«

Das wollte Gott auch nicht. Deshalb malte er Kain ein Zeichen auf die Stirn. Kain ist ein Mörder, bedeutete das Zeichen. Aber trotzdem stand er unter Gottes Schutz. Niemand durfte ihm ein Leid zufügen. Selbst jetzt, nach dieser schrecklichen Tat, wollte Gott Kain nicht verlassen.

So trieb sich Kain in der Welt herum. Nach vielen Jahren fand er eine Frau, heiratete sie und sie bekamen einen Sohn. Den nannten sie Henoch.

Kain merkte mit der Zeit, dass Gott Wort hielt und ihn nicht im Stich ließ. Denn niemand verfolgte ihn und seine Familie, um sie zu quälen oder zu töten. Dafür war Kain Gott dankbar.

Eine Arche sollst du bauen

Noah und die Sintflut

Gott hatte die Menschen geschaffen, um sich an ihnen zu erfreuen. Aber je mehr Menschen geboren wurden und auf der Erde lebten, desto deutlicher sah Gott, wie viele von ihnen logen, stahlen und manchmal sogar mordeten. Gott ermahnte sie. Aber sie hörten nicht auf ihn. Gott grollte. Aber sie lachten nur und machten ungerührt weiter.

Da wurde Gott wütend. So wütend, dass er beschloss alle Menschen zu vernichten. Verschwinden sollten sie von seiner Erde!

Aber dann entdeckte er Noah. Noah log nicht. Er stahl auch nicht. Und auf den Gedanken, zu morden, kam er schon gar nicht. Wenn ihn jemand um Hilfe bat, half er. Oder er schickte Sem, Ham oder Japhet, wenn er selbst keine Zeit hatte. So hießen seine drei Söhne.

Da dachte Gott: Es ist ungerecht, wenn ich Noah zusammen mit den anderen Menschen vernichte. Ihn und seine Familie muss ich retten.

Eines Tages arbeitete Noah allein auf seinem Feld. Da sprach Gott ihn an.

»Hör mir zu, Noah«, sagte Gott. »Ich will dich in meine Pläne einweihen.«

Noah erschrak. Er bemühte sich seine Angst zu verbergen. Denn er wusste nicht, was es bedeutete, wenn ein Mensch Gottes Pläne erfuhr.

»Ich höre, Herr«, antwortete er zaghaft.

»Von Anfang an waren die Menschen böse«, erklärte Gott. »Wenn es um ihren Vorteil geht, ist ihnen jeder Betrug recht. Deshalb will ich es so lange regnen lassen, bis eine Sintflut die Erde bedeckt und die Menschen ertränkt. Dich und deine Familie will ich aber retten. Ich habe gesehen, dass du ein guter Mensch bist.«

Gottes Stimme klang bedrohlich. Daran merkte Noah, wie ernst Gott es meinte. Obwohl Gott ihn gelobt hatte, war er aber nicht froh.

Er dachte an seine Freunde und Nachbarn. Es stimmte, sie ließen keine List aus, wenn es um ihren Vorteil ging. Er selbst war schon wütend auf sie gewesen. Aber dass sie deshalb sterben sollten, machte ihn traurig. Er wagte aber nicht Gott zu widersprechen.

»Was soll ich tun, Herr?«, fragte er stattdessen.

»Du sollst eine Arche aus Tannenholz bauen«, sagte Gott. »Wenn sie fertig ist, musst du die Ritzen mit Pech verkleben, damit kein Wasser eindringt. Fünfundzwanzig Meter soll sie breit sein, fünfzehn Meter hoch und hundertfünfzig Meter lang. So groß, wie noch nie ein Kasten auf dem Wasser geschwommen ist. In das Dach sollst du ein Fenster schneiden. Wozu das gut ist, wirst du später merken. Aus drei Stockwerken mit vielen Kammern soll die Arche bestehen. Denn ich will nicht nur dich, deine Frau, deine drei Söhne und deine Schwiegertöchter retten. Auch die Tiere sollen in der Arche überleben. An den Tieren hatte ich immer meine Freude.«

»Aber alle Tiere passen nicht in so eine Arche«, wandte Noah ein.

Gott lachte. »Da hast du Recht. Deshalb sollst du von jeder Art nur zwei mitnehmen. Zwei Löwen, zwei Rehe und zwei Maikäfer. Aber achte darauf, dass es je ein Weibchen und ein Männchen sind. Dann können sie sich nach der Sintflut vermehren und die Erde wieder bevölkern. Nimm auch Samen von allen Pflanzen mit und genug zu essen für dich und die Tiere.«

Noah versuchte sich alles genau zu merken. Jede Kleinigkeit wollte er genau so ausführen, wie Gott es gesagt hatte.

»Geh jetzt«, sagte Gott, »und fang sofort an. Viel Zeit wird dir nicht bleiben.«

Noah rannte nach Hause. Schon von weitem rief er nach seiner Familie. Seine Frau kam aus dem Haus gelaufen, Sem, Ham und Japhet kamen mit ihren Frauen von den Feldern.

»Was ist los?«, riefen sie. »Warum bist du so aufgeregt?«

Noah wollte gerade loslegen, da sah er die neugierigen Blicke der Nachbarn.

Was würden sie sagen, wenn sie hörten, dass Gott sie vernichten wollte? Beschimpfen würden sie Noah, vielleicht sogar verprügeln, weil er so etwas erzählte.

»Kommt mit ins Haus«, flüsterte er.

Er sprach leise, als er seiner Familie von der Begegnung mit Gott erzählte. Zwischendurch stand er auf und trat ans Fenster. Aber es hörte keiner heimlich mit.

»Bist du auch sicher, dass du Gottes Stimme gehört hast?« Sem konnte es nicht glauben. »Vielleicht hast du es nur geträumt.«

»Ganz sicher habe ich ihn gehört.«

»Aber warum ausgerechnet du? Was ist Besonderes an dir?«, fragten Ham und Japhet.

»Gott hat gesehen, dass wir nicht betrügen.«

Sie schwiegen einen Augenblick lang.

»Aber wenn du dich doch verhört hast«, sagte Japhet. »Stell dir vor, wir bauen die riesige Arche und dann passiert nichts. Kein Regen, keine Sintflut. Blamieren werden wir uns bis auf die Knochen.«

Da wurde Noahs Frau ärgerlich. »Wer Gottes Anweisung befolgt, blamiert sich nicht.«

Japhets Frau nickte. »Mir ist egal, was die Leute denken«, sagte sie. »Wenn die Flut kommt, will ich nicht ertrinken. Also lasst uns tun, was Gott Noah geraten hat.«

Noah war seiner Schwiegertochter dankbar für die Unterstützung. Danach widersprach keiner mehr.

»Geht früh schlafen«, sagte Noah. »Morgen früh fangen wir an.«

Sie fällten Tannen und bildeten mit den längsten Stämmen den Boden der Arche. Sie banden die Stämme mit Seilen aneinander, schnitten Bretter und bauten die Wände der Arche.

Die Nachbarn schüttelten den Kopf. »Was soll das denn werden, wenn es fertig ist?«, riefen sie.

Noah überlegte, was er antworten sollte. Für diesen Fall hatte ihm Gott keine Anweisung gegeben. Er entschied sich ihnen die Wahrheit zu sagen.

»Gott hat beschlossen eine große Flut über die Erde kommen zu lassen«, sagte er. »Er will die Menschen ertränken, weil sie nicht auf ihn hören.«

Er hoffte, sie würden sich erschrecken und Gott um Verzeihung bitten. Dann könnte Gott ablassen von seinem schrecklichen Plan. Aber die Menschen hielten sich den Bauch vor Lachen.

»So ein Unsinn!«, riefen sie. »Eine Flut, die alles überdeckt, so was gibt's doch gar nicht. Noah spinnt! Und seine Söhne mit ihm.«

Noah und seine Söhne störten sich nicht daran. Sie arbeiteten weiter. Sie bauten das Dach auf die Arche und richteten die Kammern ein. Viel Holz brauchten sie dafür. Dann endlich war die Arche fertig. Auch das Fenster im Dach hatten sie nicht vergessen.

Noahs Frau und die Schwiegertöchter hatten inzwischen Samen gesammelt und Essensvorräte angelegt. Jetzt mussten noch die Tiere in die Arche geführt werden. Gar nicht so einfach, von allen Arten ein Pärchen zu finden. Aber gemeinsam schafften sie es. Einmal mussten sie aber aufpassen. Da hatten sich zwei Nashornmännchen vorgedrängt. Aber das ging natürlich nicht. Einer musste verzichten und ein Weibchen gefunden werden.

Während die Tiere in die Arche gingen, wurde der Himmel immer dunkler. Dicke Regenwolken zogen auf. Es begann zu blitzen und zu donnern.

»Beeilt euch!«, rief Noah.

Die ersten Tropfen fielen, als endlich alle in der Arche waren. Gott selbst
schloss hinter ihnen die Tür zu.

Dann schüttete es vom Himmel. Sie hörten, wie der Regen auf das Dach
prasselte. Vierzig Tage und Nächte regnete es ununterbrochen. Draußen schrien die Menschen um Hilfe. Aber jetzt war es zu spät. Das Wasser stieg an. Es hob die Arche hoch. Sie schaukelte auf den Wogen der
Sintflut.

Davon wurden die Löwen so seekrank, dass sie gar nicht auf den Gedanken kamen, eine von den Antilopen zu reißen. Außerdem bekamen sie ja
Futter.

Höher stieg die Flut, immer höher. Erst als sie fünf Meter über dem
höchsten Gipfel stand, hörte der Regen auf. Die Menschen waren auf die
Berge geflüchtet. Sie schrien um Hilfe. Aber es gab niemand, der ihnen
helfen konnte. Am Ende fanden sie keinen Platz mehr, wohin sie sich retten konnten. Da wurde es still auf der Erde, ganz still.

Hundertfünfzig Tage lang ließ Gott das Wasser auf der Erde stehen, dann erinnerte er sich an Noah und seine Arche. Er ließ einen heftigen Sturm über die Erde wehen, der das Wasser zurückdrängte. Die Spitzen der Berge tauchten aus den Fluten auf, die Täler wurden sichtbar und dann das ganze Land. Sieben Monate waren vergangen, als die Arche an einen Berg stieß.

Aber Noah war sich noch nicht sicher, ob sich wirklich alles Wasser verlaufen hatte. Da fiel ihm das Fenster im Dach der Arche ein. Jetzt begriff er, wozu es gut war.

Er öffnete das Fenster und ließ einen Raben losfliegen. Der flatterte hin und her und kam nicht wieder. Noah wollte aber ganz sicher sein, dass die Erde wirklich trocken war. Denn wenn er die Tür zu früh öffnete, würde das Wasser eindringen und alles wäre vergeblich gewesen. Deshalb ließ er eine Taube ausfliegen. Die fand aber keinen Baum, auf dem sie sich niederlassen konnte, und kam zurück. So merkte Noah, dass es

besser war, noch etwas zu warten. Nach zehn Tagen ließ er sie ein zweites Mal fliegen. Und diesmal kam sie mit einem grünen Ölblatt im Schnabel zurück. Da merkte Noah, dass die Erde grünte und sie die Sintflut überstanden hatten.

Zur Sicherheit wartete er weitere sieben Tage. Dann sprach Gott zu ihm: »Geh raus aus der Arche, Noah. Du und deine Familie. Und lass auch die Tiere frei.«

Da öffnete Noah die Tür. Die Tiere rannten nach draußen. Nach den langen Monaten in den engen Kammern waren sie froh sich wieder bewegen zu können. Sie tollten herum, und ehe sich Noah versehen hatte, waren sie in den Tälern verschwunden.

Noah baute einen Altar, um Gott für die Rettung zu danken. Gott sah es. Er freute sich.

»Ich will mit dir einen Bund schließen«, sagte er. »Nie wieder will ich eine Sintflut über die Erde kommen lassen. Solange die Erde besteht, wird es immer Saat und Ernte, Frost und Hitze, Sommer und Winter, Tag und Nacht geben. Und als Zeichen dieses Versprechens setze ich den Regenbogen an den Himmel. Er verbindet mich mit der Erde. Immer wenn er am Himmel steht, sollen die Menschen an den Bund denken, den ich mit ihnen geschlossen habe.«

Nicht nur die Tiere liefen in die Welt, auch Noahs Söhne und Schwiegertöchter taten es. Noah und seine Frau waren einverstanden damit, obwohl sie sie nur noch selten sahen. Aber aus ihnen sollte ja die neue Menschheit entstehen. Und die musste sich über die Welt verteilen.

Keiner versteht den anderen

Der Turmbau zu Babel

Einige von Noahs Nachkommen zogen nach Osten. Sie kamen in eine Ebene in Babylonien, die ihnen sehr gefiel. Als sie sehr zahlreich geworden waren, sagten sie: »Wir müssen nicht alle Ackerbauern oder Viehzüchter bleiben. Lasst uns eine Stadt bauen, damit einige von uns darin wohnen!«

Aus Lehm formten sie Ziegel und ließen sie in der Mittagshitze trocknen. Dann legten sie die Ziegel aufeinander, schmierten Teer dazwischen und bauten die ersten Häuser. Die Ziegel klebten fest aufeinander, sodass kein Haus einstürzte, wie hoch sie es auch bauten. So entstand die erste Stadt und sie nannten sie Babel.

Die Menschen schauten sich ihre Häuser an.

»Ist es nicht toll, was wir alles können?«, sagten sie. Sie nickten. »Außer uns gibt es keinen, der so etwas fertig bringt. Jetzt brauchen wir noch einen Turm, der bis an den Himmel reicht. Dann können wir unsere Stadt von jedem Platz der Welt aus sehen und werden uns nie wieder verlaufen.«

Sie hatten aber noch einen Hintergedanken dabei. Über den Wolken, dachten sie, wohnt Gott. Und wenn sie schon sein Geheimnis kannten und wussten, was gut und was böse war, konnten sie auch gleich seinen Platz im Himmel einnehmen. Mit einem Turm, der bis zum Himmel reicht, wäre es so weit. Dann könnten sie Gott als Herrscher der Welt ablösen.

Sofort fingen sie an. So viele Ziegel wie nie trockneten sie in der Sonne. Dann legten sie die erste Schicht, strichen Teer darauf und klebten die nächste darüber. Unten musste der Turm breit sein, damit er das riesige Gewicht der Steine tragen konnte. Nach oben hin sollte der Turm schmaler werden.

Die Menschen konnten gut miteinander arbeiten, denn alle sprachen dieselbe Sprache. Was sie sich zuriefen, wurde sofort verstanden und erledigt. So wuchs der Turm, Ziegel für Ziegel, Schicht für Schicht, überragte die höchsten Häuser und war bald weit außerhalb der Stadt zu sehen.

Gott merkte, was sie im Schilde führten.

Ich muss mir genauer ansehen, was sie da machen, dachte er. Er beugte sich zur Erde hinunter und sah, wie hoch der Turm geworden war.

»Sie sind nicht zu bremsen, diese Menschen«, sagte er und schüttelte den Kopf. »Jetzt wollen sie sogar meinen Platz im Himmel einnehmen. Nichts gibt es, vor dem sie zurückschrecken.«

Aber er wollte die Erde nicht noch einmal überfluten lassen. Er wollte auch ihren Turm nicht zerstören.

Gott schmunzelte. »Diesmal werde ich mir eine ganz besondere Strafe einfallen lassen. Eine, die den Menschen ihre Grenzen aufzeigt und über die ich mich amüsieren kann. Dann wollen wir mal sehen, ob es ihnen gelingt, meinen Platz einzunehmen.«

So kam Gott auf die Idee, die Sprache der Menschen zu verwirren. »Jeder, der beim Turmbau mithilft, soll eine andere Sprache sprechen!«, sagte Gott. Von einem Moment zum anderen geschah es, und es traf die Menschen völlig unvorbereitet.

»Bring mal neue Ziegel!«, rief ein Arbeiter. Aber sein Freund, mit dem er eben noch gut zusammengearbeitet hatte, verstand ihn plötzlich nicht mehr. Er stand nur da und schüttelte den Kopf.

»He, bist du taub geworden? Mach voran!«

Aber auch jetzt verstand ihn der Freund nicht.

»Was willst du denn? Drück dich verständlich aus!«, rief er.

Das verstand wiederum der andere nicht.

»Babbel nicht so ein dummes Zeug!«, rief er.

Auch von den übrigen Arbeitern verstand keiner mehr den anderen. Wenn einer rief, dass er Teer brauchte, brachte ein anderer Ziegel, wenn einer Ziegel haben wollte, brachte ein anderer den Spachtel, mit der sie den Teer glatt strichen.

»Bist du verrückt geworden?«, rief einer. »Kannst du nicht aufpassen, was ich sage?«

Der Angesprochene glaubte, sein Freund hätte gemeint, er sollte eine Mittagspause machen. Also kletterte er die Leiter hinunter und ging nach Hause.

Der Arbeiter blickte ihm ungläubig nach. »Was fällt dir ein?«, rief er. »Komm sofort zurück!«

Auch das verstand sein Freund nicht. Er glaubte, er sollte für den restlichen Tag freinehmen. Deshalb winkte er fröhlich zurück.

Es war ein tolles Durcheinander auf der Baustelle. Je lauter die Menschen schrien, desto schlimmer wurde es. Keiner tat mehr, was er tun sollte.

Schließlich riefen die Ersten: »Macht euren Kram doch alleine!«, und gingen nach Hause. Einige gingen mit Fäusten aufeinander los, weil sie glaubten, die anderen wollten sich lustig machen über sie.

Immer mehr aber erschraken, weil sie merkten, dass es nicht mit rechten Dingen zuging. Sie ahnten, dass nur Gott es gewesen sein konnte, der das Durcheinander bewirkt hatte. Gott hatte ihre Sprachen verwirrt. Also wollte er nicht, dass sie den Turm bauten.

Schnell gingen sie weg, denn sie befürchteten, dass Gott sie noch weiter bestrafen könnte.

Gott aber beobachtete das Durcheinander und rieb sich die Hände.

Nichts klappte mehr beim Turmbau, kein Stein wurde mehr auf den anderen gelegt, keine Ritze mehr mit Teer verschmiert.

Nach und nach verließen alle die Baustelle. Und weil die Menschen sich auch in der Stadt nicht mehr verstanden, zogen sie weg von Babel.

So hatte Gott ihren Plan durchkreuzt und ganz nebenbei hatte er die Sprachen erfunden.

Ein Wort aber gibt es seitdem, das neu ist. »Rumbabbeln« heißt es. Nach Babel, der Stadt, in der die Menschen einen Turm bis zum Himmel bauen wollten, bis Gott ihre Sprache verwirrte.

Der Turm wurde nie fertig gestellt. Als Ruine stand er in der Stadt und erinnerte die Menschen daran, dass sie niemals so mächtig werden können wie Gott.

Wie Jakob sich den Segen des Vaters erschleicht

Der Kampf um das Erstgeburtsrecht

Es dauerte nicht lange, da hatten die Menschen die Sintflut und den Turmbau zu Babel vergessen. Sie handelten wieder so, als hätte Gott sie niemals ermahnt und bestraft. »Sie werden sich niemals ändern«, seufzte Gott. Deshalb beschloss er sich einen von ihnen auszusuchen. »Aus ihm will ich ein Volk machen, das ganz allein auf mich hören soll«, sagte er. »Ich will ihm Land geben, in dem er und seine Nachkommen wohnen werden.«

Es war Abraham, den er sich aussuchte. Er wohnte im Osten, nicht weit von der Stadt Babylon entfernt.

Abraham konnte zuerst gar nicht glauben, dass Gott ihn dazu auserwählt hatte, der Gründer eines neuen Volkes zu sein. Er und seine Frau Saraih waren schon alt und hatten gar keine Kinder. Wie sollte es möglich sein, dass sie noch welche bekamen? Aber Saraih und er hörten trotzdem auf Gott, sie zogen los und kamen nach Kanaan.

»Hier sollt ihr bleiben«, sagte Gott. Tatsächlich gebar Saraih nach einigen Jahren einen Sohn. Denn nannten sie Isaak.

Als Isaaks Frau Rebekka viele Jahre später ein Kind erwartete, spürte sie heftige Schmerzen in ihrem Unterleib. Sie schrie auf, so weh tat es ihr.

»Ich halte es nicht mehr aus«, stöhnte sie. »Sterben werde ich vor Schmerz.«

Aber Gott tröstete sie.

»Halte durch«, sagte er. »Du wirst zwei Jungen bekommen. Sie streiten sich schon jetzt, denn sie werden später unterschiedlichen Völkern angehören. Und es wird der jüngere sein, mit dem ich mein Volk fortsetzen werde.«

Rebekka wunderte sich. War es nicht so, dass immer der älteste Sohn seinem Vater nachfolgte und von ihm seine Rechte übernahm? Hätte Isaak einen älteren Bruder gehabt, wäre dieser Abrahams Nachfolger geworden, nicht Isaak. Wie sollte es geschehen, dass es bei ihren Söhnen anders war?

Doch sie dachte nicht weiter darüber nach und die Vorfreude auf die Geburt ließ sie die Schmerzen ertragen.

Tatsächlich bekam sie nach neun Monaten Zwillinge. Es waren Jungen, wie Gott es gesagt hatte, und sie waren sich überhaupt nicht ähnlich.

Esau, der ältere, war am ganzen Körper mit rötlichen Haaren bedeckt. Jakob, der jüngere, war ein zartes Kind. »Und der soll dem anderen überlegen sein?« Rebekka schüttelte den Kopf. Jetzt verstand sie Gottes Ankündigung noch weniger.

So unterschiedlich die beiden Brüder aussahen, so gegensätzlich entwickelten sie sich auch.

Esau wurde ein Jäger. Er liebte es, durch die Wiesen und Wälder zu streifen und Wild zu jagen. Oft blieb er tagelang weg, und wenn er heimkam, trug er eine Antilope oder ein Reh auf der Schulter.

Isaak, sein Vater, aß gern von dem Wild, das Esau jagte. Wildtiere schmeckten ihm besser als die Ziegen und Schafe, die Jakob züchtete. Deshalb hatte er Esau lieber als Jakob.

Jakob dagegen blieb bei den Zelten. Er hütete Schafe und Ziegen, säte Getreide aus und half der Mutter beim Kochen. Deshalb hatte Rebekka ihn lieber als Esau, von dem sie oft nicht wusste, wo er gerade steckte.

Eines Tages kam Esau ohne Wild von der Jagd zurück. Tagelang war er durch die Felder gestreift, hatte aber nur selten ein Tier gesehen. Wenn er doch Rehe entdeckte, bekamen die Tiere Witterung und rannten davon. Esau wurde hungrig, aber er jagte weiter. Er wollte nicht zugeben, dass sein Geschick als Jäger diesmal nicht ausreichte. Irgendwann legte er mit dem Pfeil auf Wildschweine an, aber seine Hand zitterte vor Schwäche und er verfehlte sein Ziel. Den Tieren nachzulaufen schaffte er nicht mehr. Mit letzter Kraft schleppte er sich nach Hause.

Jakob kochte sich gerade eine Linsensuppe. Wer Tiere züchtet und Gemüse und Getreide anbaut, hat immer etwas zu essen. Anders als der Jäger, der Glück braucht.

Esau roch den herrlichen Duft. Er schleppte sich bis zu Jakobs Zelt und ließ sich zu Boden fallen.

»Ich kann nicht mehr«, keuchte er. »Gib mir etwas von deiner Suppe, sonst verhungere ich.«

Jakob sah, wie hilflos sein Bruder vor ihm auf der Erde lag.

»Ich kann dir von meiner Suppe geben«, sagte er. »Aber dafür will ich auch etwas von dir.«

Er rührte noch mal in der Suppe, sodass es herrlich duftete.

»Was willst du von mir?«, stöhnte Esau. »Du siehst doch, dass ich vor Hunger sterbe.«

»Ich will dein Erstgeburtsrecht«, sagte Jakob. »Alle Rechte, die dir als Ältestem zustehen, sollst du an mich abtreten. Erst dann kriegst du die Suppe.«

Esau war zu schwach, um zu widersprechen. »Was nützen mir meine Rechte als Ältester, wenn ich verhungere«, sagte er. »Du sollst sie haben, aber gib mir die Suppe.«

»Schwöre es bei Gott«, sagte Jakob.

»Ich schwöre es.«

Da gab Jakob ihm die Suppe. Hastig schlang Esau sie hinunter. Dann stand er auf und ging weg, ohne Jakob noch einmal anzusehen. So sehr schämte er sich, dass sein jüngerer Bruder ihn hilflos gesehen hatte. Dass er Jakob seine Rechte abgetreten hatte, nahm er nicht weiter ernst. Isaak, sein Vater, würde ihn schon segnen, wenn es an der Zeit war, und ihn zu seinem Nachfolger bestimmen, glaubte er.

Viele Jahre vergingen. Isaak wurde alt. Er war fast blind und fühlte sich immer schwächer. Er spürte, dass es Zeit wurde, Esau zu segnen.

»Esau!«, rief er. »Ich bin alt und ich weiß nicht, wie lange ich noch leben werde. Jage noch einmal auf den Feldern für mich! Du weißt doch, wie gern ich vom Fleisch der Wildtiere esse. Dann bereite mir ein Mahl, und wenn ich gegessen habe, will ich dich segnen. Dann sollst du unsere Familie führen.«

Esau tat, was sein Vater verlangte. Einen Rehbock wollte er ihm jagen, weil er wusste, wie gern Isaak Rehbraten aß.

Aber Rebekka hatte gelauscht. Sie hatte gehört, was Isaak Esau gesagt hatte. In all den Jahren war ihr der behaarte, wilde Esau immer fremder geworden, Jakob dagegen immer lieber. Sie wollte nicht, dass Esau Isaaks Segen bekam. Jakob sollte sein Nachfolger werden!

Sie wartete, bis Esau losging. Als er nicht mehr zu sehen war, winkte sie Jakob heran.

»Los, schlachte schnell zwei junge Ziegenböcke«, flüsterte sie. »Dann werde ich ein Essen kochen, wie es dein Vater besonders gern mag. Das bringst du ihm, damit er dich und nicht Esau segnet. Er ist ja fast blind und wird gar nicht merken, wer in sein Zelt tritt.«

Jakob schüttelte den Kopf. »Das wird nicht klappen«, sagte er. »Er muss mich nur anfassen, um zu merken, dass ich es bin und nicht Esau. Esau ist doch so behaart, meine Haut dagegen ist ganz glatt. Dann wird mein Vater mich verfluchen und nicht segnen.«

Rebekka winkte ab. »Lass das meine Sorge sein. Tu, was ich dir sage, aber beeil dich. Sonst kommt Esau zurück und keine List wird uns mehr helfen.«

Jakob konnte sich nicht vorstellen, wie der Plan seiner Mutter klappen sollte. Aber er tat, was sie sagte. Rebekka bereitete einen herrlichen Braten zu, dann holte sie schnell Kleider von Esau und zog sie Jakob an. Zum Schluss nahm sie das Fell der Ziegenböcke und legte sie über Jakobs Arme und seinen glatten Hals.

»Geh jetzt«, sagte sie. »Bring ihm das Essen und sprich mit tiefer Stimme, damit er glaubt, dass du Esau bist.«

Das Herz schlug Jakob bis zum Hals. Seine Hände zitterten, als er zum Zelt seines Vaters ging.

Isaak hörte, dass jemand eintrat. »Wer ist da?«, fragte er.

»Ich bin es, Esau, dein erstgeborener Sohn«, antwortete Jakob.

»Bist du so schnell zurück, Esau?«

Jakob merkte, dass sein Vater misstrauisch wurde.

»Gott hat mir geholfen«, sagte er. »Er hat mir das Wild direkt vor meinen

Pfeil getrieben.« Dabei sprach er mit möglichst tiefer Stimme, aber er merkte selbst, dass es anders klang als bei Esau.

Auch sein Vater hatte es gemerkt.

»Komm zu mir, damit ich dich betasten kann. Ich will ganz sicher sein, dass du wirklich Esau bist.«

Jakob trat an das Lager seines Vaters. Er hielt seinen Kopf möglichst weit von Isaaks milchigen Augen entfernt.

Isaak befühlte seine Unterarme.

»Beug dich zu mir herunter!«, sprach er.

Jakob tat, wie ihm befohlen, wandte aber sein Gesicht ab.

Isaak befühlte seinen Hals und auch die Kleidung, die er trug.

»Komisch«, sagte er dann. »Die Stimme ist Jakobs Stimme, aber es sind Esaus Kleider, die du trägst. Und behaart bist du auch.«

Jakob schöpfte Mut. »Ich bin es wirklich, Vater«, sagte er. »Ich bin Esau.«

»Dann gib mir das Essen.«

Jakob schnitt seinem Vater das Fleisch klein und goss ihm einen Becher Wein ein. Isaak ließ es sich schmecken. Das Essen war scharf gewürzt, sodass er nicht merkte, dass es Ziegenfleisch und kein Wild war.

Jakob schwieg, während sein Vater aß. Endlich winkte Isaak ihn heran.

»Das Essen war gut«, sagte er. »Komm her, damit ich dich segne.«

Jakob beugte sich zu ihm hinunter und Isaak küsste ihn.

»Ich rieche den Geruch von Esaus Kleidern«, sagte er. »Jetzt bin ich sicher, dass du es wirklich bist.«

Mit den Worten, mit denen schon sein Vater Abraham ihn gesegnet hatte, segnete Isaak Jakob: »Gott gebe dir den Regen des Himmels und die Fruchtbarkeit der Erde«, sagte er. »Immer sollst du genug Korn und Wein haben und die Völker sollen dir dienen. Du sollst Herr über deinen Bruder sein, und gesegnet ist, wer dir Gutes tut.«

Jakob merkte sich die Worte. Eines Tages würde er sie seinem Sohn sa-

gen. Dann beeilte er sich Teller und Becher abzuräumen und verließ schnell das Zelt.

Es wurde auch höchste Zeit, denn in der Ferne sah er schon Esau mit einem Rehbock über der Schulter näher kommen.

Jakob versteckte sich. Esau würde zornig werden, wenn er erfuhr, was passiert war. Wer konnte ahnen, wozu er dann fähig war? Besser, er würde Jakob gar nicht zu Gesicht bekommen.

Esau bereitete das Essen für seinen Vater zu, dann brachte er es ihm.

»Wer ist da?«, fragte Isaak, als er die Schritte im Zelt hörte.

»Ich bin es, Esau.«

Entsetzt schlug Isaak die Hände vors Gesicht. Sein Atem ging heftig. Dann ließ er die Arme kraftlos fallen.

»Und wer war der, der mir gerade das Essen gebracht hat? *Ihn* habe ich gesegnet und er wird auch gesegnet bleiben.«

Esau begriff sofort, wer ihm zuvorgekommen war, und auch Isaak wusste es. Sie mussten Jakobs Namen nicht einmal aussprechen.

Esau weinte vor Wut. »Hast du kein zweites Segenswort für mich, Vater?«, jammerte er.

Isaak schüttelte den Kopf. »Ich habe nur *einen* Segen«, sagte er. »Er wird dem Glück bringen, den ich gesegnet habe.«

Er legte seine Hand auf Esaus Schulter.

»Es tut mir Leid, mein Sohn«, sagte er. »Für dich habe ich ein anderes Wort, und das ist hart. Es fällt mir selbst schwer, es dir zu sagen.« Und seine Stimme zitterte, während er sprach: »Der Regen wird nicht auf dein Feld fallen und dein Boden wird trocken bleiben. Alles musst du dir hart erarbeiten und deinem Bruder musst du dienen.«

Esaus Schultern begannen zu zucken. Isaak spürte, dass er ihm unbedingt etwas Gutes sagen musste.

»Aber wenn du dich anstrengst«, sagte er, »wenn du viele Jahre hart arbeitest, wirst du dich von deinem Bruder befreien können.«

Dann schwieg Isaak. Esau erhob sich. Er sah, wie schwach sein Vater geworden war. Nicht mehr lange und er würde sterben. Dann, nahm Esau sich vor, würde er Rache nehmen. Umbringen würde er Jakob, so wie Kain den Abel erschlagen hatte. Nichts anderes hatte dieser Betrüger verdient!

Rebekka beobachtete Esau, wie er aus Isaaks Zelt trat. Sie sah die Zornesfalten auf seiner Stirn und wusste, was sie bedeuteten. Esau würdigte sie keines Blickes, weil er ahnte, dass sie hinter dem Betrug stand. Er ging weg von ihren Zelten.

Rebekka wusste, wo Jakob sich versteckt hatte. Sie lief zu ihm.

»Du musst verschwinden«, sagte sie. »Esau sinnt auf Rache, er will dich umbringen. Du musst zu meinem Bruder laufen, zu deinem Onkel Laban. Er wohnt weit weg in Haran. Sag Laban, dass ich dich schicke und dass er dich versorgen soll. Dort musst du so lange bleiben, bis der Zorn deines Bruders verraucht ist. Wenn es so weit ist, schicke ich einen Boten. Dann kannst du zurückkommen.«

Jakob ging ungern von zu Hause weg, aber der Segen seines Vaters war es ihm wert. Er freute sich, dass die List geklappt hatte. *Seine* Nachkommen würden es sein, aus denen Gott ein Volk machte. Nicht die von Esau.

Früh am Morgen, als Esau noch schlief, machte er sich auf den Weg. Rebekka gab ihm Vorräte mit.

Den ganzen Tag über wanderte Jakob Richtung Syrien. Immer wieder schaute er sich um. Aber Esau folgte ihm nicht. Erst spät am Abend, als er keine drei Schritte weit mehr sehen konnte, legte er sich schlafen. Auf einen Stein musste er seinen Kopf legen, weil er keine bessere Unterlage fand.

Gott hatte gesehen, dass Jakob geflohen war.

Er hat sich den Segen erschlichen, dachte Gott. Aber jetzt ist er es, bei dem er wirkt. Seine Nachkommen werden mein Volk bilden. Die Kinder

des Bauern und Viehzüchters werden es sein, nicht die des Jägers Esau. Es ist Zeit, dass ich Frieden mit ihm schließe.

In dieser Nacht hatte Jakob einen wunderschönen Traum. Er träumte von einer Leiter, die von seinem Nachtlager bis an den Himmel reichte. Die Engel stiegen an der Himmelsleiter auf und nieder und oben, an der Spitze, stand Gott.

»Hab keine Angst, Jakob«, sagte Gott. »Ich bin der Gott deines Großvaters Abraham und deines Vaters Isaak. Ich werde auch dein Gott sein und der deiner Nachkommen. Zahlreich wie der Staub auf der Erde werden sie sein. Ich werde dich behüten, auch in dem fremden Land, in das du nun fliehen musst. Eines Tages werde ich dich zurückführen in das Land, das ich Abraham gegeben habe.«

Tief berührt wachte Jakob am Morgen auf.

»Dies ist ein Ort, an dem Gott wohnt«, sagte er. Er nahm den Stein, der ihm als Kopfkissen gedient hatte, goss Öl darüber und richtete ihn zu einem Altar auf. Den Ort nannte er Bethel, das heißt Gotteshaus.

Erleichtert machte er sich auf den Weg zu seinem Onkel Laban.

Esau wartete zu Hause. Viele Jahre vergingen, Isaak war schon lange tot, doch Jakob kam nicht zurück. Da gab Esau auf. Er ging weg und heiratete eine Frau aus dem Stamm der Hethiter, die schon vor Abrahams Ankunft in Kanaan gelebt hatten. Aus seiner Familie entwickelte sich das Volk Edom.

Da erinnerte sich Rebekka, die allein zurückgeblieben war, was Gott ihr vor der Geburt angekündigt hatte: Zu unterschiedlichen Völkern würden ihre Söhne gehen und der jüngere würde der Nachfolger seines Vaters werden.

Nun war es genau so gekommen und sie selbst hatte kräftig dabei mitgeholfen.

Josef und seine Brüder

1. Der Verkauf des Bruders

Laban sorgte gut für Jakob. Er freute sich, dass seine Schwester Rebekka ihren Sohn zu ihm geschickt hatte. Er selbst hatte zwei Töchter. Lea, die ältere, war nicht besonders hübsch. Rahel dagegen war eine schöne Frau. Jakob verliebte sich in Rahel. Er wollte sie heiraten, aber Laban sorgte dafür, dass er auch Lea zur Frau nahm. So hatte Jakob zwei Frauen, als er viele Jahre später nach Kanaan, in das Land seines Vaters Isaak, zurückkehrte. So etwas ging damals.

Zehn Söhne hatte Jakob schon bekommen, aber noch keinen von seiner Lieblingsfrau Rahel.

Rahel flehte zu Gott.

»Warum kriegt Lea so viele Kinder und ich keines?«, betete sie. »Gib mir auch eines. Ewig will ich dir dafür dankbar sein.«

Gott erhörte ihr Gebet und sie bekam einen Sohn. Den nannten sie Josef. Rahel war Gott dankbar, aber ganz still betete sie: »Ach, wenn du mir noch ein zweites Kind schenken würdest.«

Jakob war überglücklich über Rahels Sohn. Er bevorzugte Josef. Wenn seine Söhne neu eingekleidet wurden, bekamen alle einen weißen Umhang. Josef dagegen erhielt einen bunten Umhang mit bestickten Ärmeln. Jeder sollte sehen, dass er etwas Besonderes war. Seine Brüder beneideten ihn. Wenn sie zusammen spielten, schlossen sie Josef aus. Mit dem Sohn der zweiten Frau ihres Vaters wollten sie nichts zu tun haben.

Josef versuchte erst gar nicht ihr Freund zu werden. Er verstärkte sogar ihre Abneigung.

»Stellt euch vor, was ich geträumt habe«, sagte er eines Tages. »Wir haben gemeinsam Getreide geerntet und es zu Garben zusammengebunden. Meine Garbe hat sich hoch aufgerichtet und eure Garben haben sich vor ihr verneigt.«

Da wurden sie wütend auf ihn.

»Willst du etwa unser König sein?«, riefen sie. »Soll ausgerechnet der Kleinste über uns herrschen?« Und sie begannen ihn zu hassen.

Josef tat nichts, um sie zu besänftigen. Was er geträumt hatte, würde auch wahr werden, glaubte er.

Kurz danach erzählte er ihnen einen weiteren Traum.

»Stellt euch vor«, sagte er, »diesmal habe ich geträumt, dass die Sonne, der Mond und elf Sterne sich vor mir verneigten.«

»Jetzt reicht es!«, rief Ruben, der älteste Bruder. »Das sagen wir unserem Vater.«

Und sie erzählten Jakob Josefs Traum. Da wurde auch Jakob böse.

»Was bildest du dir ein?«, rief er. »Sollen etwa ich und deine Mutter und deine Brüder zu dir kommen und vor dir niederfallen? Was glaubst du denn, wer du bist?«

Dann schickte er Josef weg. Die Brüder freuten sich. Endlich hatte ihr Vater es dem Angeber gezeigt!

Sie ahnten aber nicht, dass Jakob sich den Traum merkte. Merkwürdig, dachte er. Wer weiß, was Gott Josef damit sagen will. Aber wieso waren es elf Sterne? Außer Josef sind es nur zehn Söhne, die ich habe.

Wenn ihr Vater Josef zurechtwies, könnten die Brüder ihm auch einen Denkzettel verpassen, dachten sie. Höchste Zeit wurde es dafür. Wer wusste schon, was der Angeber noch alles träumen und sich einbilden würde.

Die Gelegenheit dazu kam, als sie zusammen die Schafe der Familie hüten mussten. Natürlich hatte Rahel dafür gesorgt, dass Josef nicht mit aufs Feld musste. Immer bekam er eine Extrawurst.

Nach ein paar Tagen rief Jakob nach Josef. »Geh hin und sieh, was deine Brüder machen!«, forderte er ihn auf. »Dann gib Bericht, ob alles in Ordnung ist.«

Josef musste lange suchen, bis er sie endlich gefunden hatte.

Seine Brüder sahen ihn schon von weitem kommen.

»Schaut mal, da kommt der Träumer!«, riefen sie. Josef trug wieder seinen bunten Umhang. »Lasst ihn uns packen und in einen Brunnen werfen. Darin soll er ertrinken, dann sind wir ihn endlich los! Zu Hause erzählen wir, er sei von wilden Tieren gefressen worden.«

Ruben erschrak, als er das hörte. Er war der Älteste und seinem Vater gegenüber verantwortlich für das, was hier draußen passierte. Die anderen hatten gut reden. *Ihn* würde sein Vater zur Rechenschaft ziehen, wenn dem Kleinen etwas zustieß, nicht sie.

Er winkte ab, aber Simeon, der Zweitälteste, war ganz begeistert von der Idee.

»Er hat es verdient!«, rief Simeon. »Immer hält er sich für den Größten, wir anderen bedeuten ihm nichts.«

Ruben merkte, dass seine Brüder von dem Plan nicht abzubringen waren. Um Josef zu retten, musste er sich eine List einfallen lassen.

»Werft ihn in den Brunnen in der Wüste«, sagte er. »Dort hört niemand seine Schreie und unsere Tat wird nicht entdeckt.«

Er wusste aber, dass der Brunnen ausgetrocknet war. In der Nacht, wenn alle schliefen, wollte er Josef heimlich herausziehen und nach Hause schicken.

»Das ist eine gute Idee«, sagte Simeon.

Als Josef kam, stürzten sie sich auf ihn und rissen ihm sein buntes Gewand vom Leib.

»Was tut ihr, Brüder?«, schrie Josef. »Was macht ihr mit mir?«

Aber er konnte noch so heftig strampeln, sie ließen ihn nicht los.

»Jetzt wollen wir mal sehen, wer über wem steht«, grinsten sie und warfen ihn in das Loch.

»Na, wie ist es da unten?«, rief Simeon. »Siehst du, wie wir uns alle vor dir verbeugen.« Sie klatschten in die Hände vor Freude.

Soll er da unten verhungern oder verdursten, dachten sie, es geschah ihm nur recht.

Als Josefs Stimme immer leiser und klagender wurde, gingen sie zurück zum Lager, bereiteten sich ein Mahl und begannen zu essen.

Ruben hütete in der Zwischenzeit die Schafe.

Schweigend saßen die Brüder nebeneinander und aßen, da entdeckten sie am Horizont eine arabische Karawane. Sie war auf dem Weg nach Ägypten; die Kamele waren mit Gewürzen und Stoffen beladen.

»Was nützt es uns, wenn wir Josef verdursten lassen?«, rief Juda, der Drittälteste. »Dann sind wir schuld an seinem Tod. Lasst ihn uns doch an die Araber verkaufen. Dann sind wir ihn los und kriegen sogar noch Geld für ihn.«

Sie winkten die Karawane heran, zogen Josef, der schon glaubte, sie wollten ihn retten, aus dem Brunnen und verkauften ihn an die Araber. Ein paar Silbermünzen bekamen sie für ihn. Josef bettelte und flehte.

»Lasst mich bei euch bleiben, Brüder! Ich will zurück zu unserem Vater und zu meiner Mutter. Lasst mich doch nicht alleine!«

Aber die Araber fesselten ihn, legten ihn auf ein Kamel und zogen weiter.

Als Ruben zurückkam, blickte er zuerst in den Brunnen. Josef war nicht mehr darin.

Die Brüder erzählten ihm, was sie gemacht hatten. Da wurde Ruben zornig. Er beschimpfte seine Brüder, er schrie sie an. Aber es half nichts. Josef war für immer verschwunden.

Mit der Zeit beruhigte sich Ruben.

»Schlachtet eine Ziege!«, befahl er seinen Brüdern. Sie gehorchten. Dann nahm er Josefs Umhang, tauchte ihn in das Blut und schickte Juda damit zum Vater.

»Das haben wir gefunden«, sagte Juda und reichte Jakob den blutbeschmierten Umhang. »Sieh, ob es der von Josef ist.«

Jakob erkannte ihn sofort. »Um Gottes willen, was ist mit Josef?«, rief er. Tränen rannen ihm über die Wangen. »Ein wildes Tier hat ihn zerrissen! Wie lange habe ich warten müssen, bis Rahel und ich ein Kind hatten. Wie oft habe ich Gott um ein Kind gebeten. Und nun ist Josef tot.«

Alle kamen zu ihm: Rahel, die selber laut weinte, Lea und die anderen Söhne. Sie versuchten ihn zu trösten, aber Jakob blieb untröstlich. »Niemals werde ich diesen Schmerz überwinden«, sagte er. »Noch auf meinem Totenbett werde ich an Josef denken.«

Bedrückende Stille herrschte von nun an in Jakobs Zelten. Die Brüder blickten sich verstohlen an, aber sie trauten sich nicht die Wahrheit zu sagen.

2. Die Träume des Pharaos

Nach ein paar Tagen kam die arabische Karawane nach Ägypten. Auf einem Sklavenmarkt verkauften die Männer Josef an Potiphar, den Kämmerer des Pharaos.

Potiphar hatte viel damit zu tun, das Geld des Pharaos zu verwalten. Die längste Zeit des Tages verbrachte er bei ihm im Palast. Deshalb brauchte er in seinem eigenen Haus Hilfe. Er merkte schnell, wie zuverlässig sein neuer Sklave war. Was er ihm auftrug, besorgte Josef sofort. Trotzdem hatte er wenig Geld ausgegeben. Er verstand es, die Waren dort einzukaufen, wo sie gut und billig waren. Deshalb machte Potiphar ihn zum Verwalter in seinem Haus.

Josef war aber ein schöner Mann. Er war braun gebrannt, hatte schwarzes Haar und funkelnde Augen. Potiphars Frau verliebte sich in ihn. Sosehr sie sich aber bemühte, es gelang ihr nicht, Josef zu verführen. Josef war glücklich, dass Potiphar ihm vertraute. Niemals wollte er sein Vertrauen missbrauchen.

Potiphars Frau wurde wütend. Sie ging zu ihrem Mann. »Wenn du weg bist«, log sie, »kommt Josef zu mir. Dann will er, dass ich ihn küsse und lieb habe. So einer ist dein Sklave.«

Potiphar wurde zornig. Er ließ Josef ins Gefängnis werfen.

Josef war verzweifelt. Seine Brüder hatten ihn verkauft, Potiphar hatte ihn bestraft, obwohl er unschuldig war. Aber an Gott zweifelte er deshalb nicht. Gott würde ihn niemals verlassen, das wusste Josef sicher.

Nach einiger Zeit wurden der Bäcker und der Mundschenk des Pharaos ins Gefängnis gesteckt. Der Pharao glaubte, dass sie ihn vergiften wollten.

Jeder von ihnen hatte einen merkwürdigen Traum. Zu gern hätten sie gewusst, was er bedeutete. Josef konnte ihre Träume deuten.

Für den Bäcker bedeutete der Traum nichts Gutes, er sollte zum Tode verurteilt werden. Aber dem Mundschenk konnte Josef Gutes voraussagen. Der Pharao würde ihn begnadigen, versprach ihm Josef, und er dürfte ihm wieder Getränke reichen. »Wenn es so weit ist, denke an mich«, sagte Josef. »Hilf mir aus dem Gefängnis, denn ich bin unschuldig.«

Der Mundschenk strahlte. »Wenn es stimmt, was du voraussagst, werde ich dir helfen«, versprach er.

Es kam genau so, wie Josef es vorausgesagt hatte. Der Bäcker wurde getötet, der Mundschenk in den Palast des Pharaos gerufen. Aber sobald er dort war, vergaß er Josef.

Eines Tages hatte der Pharao einen Traum. Er träumte, dass sieben fette Kühe aus dem Nil stiegen, und freute sich an ihrem Anblick. Aber dann stiegen sieben magere und hässliche Kühe aus dem Nil und fraßen die fetten auf.

Erschrocken wachte der Pharao auf. Nach einiger Zeit schlief er ein und hatte einen weiteren Traum. Diesmal träumte er, dass sieben reife Ähren auf einem Halm wuchsen. Sieben dürre Ähren wuchsen daneben, die der Wüstenwind verbrannte. Die sieben dürren Ähren verschlangen die sieben reifen.

Schweißgebadet wachte der Pharao auf.

Er rief seine Berater und erzählte ihnen die Träume. Aber sie wussten keine Erklärung. Die bekanntesten Traumdeuter Ägyptens wurden zum Pharao gerufen, aber auch sie konnten die Träume nicht deuten.

Da erinnerte sich der Mundschenk an Josef.

»Verzeih, Pharao«, sagte er. »Jetzt erinnere ich mich an eine Schuld. Im Gefängnis gab es einen Mann, der Träume deuten konnte. Was er zu meinem Traum gesagt hat, ist genau so eingetroffen.«

Sofort wurde Josef geholt. Er musste erst rasiert und gebadet werden, bevor er zum Pharao durfte.

Josef wusste sofort, was die Träume bedeuteten.

»Beide bedeuten dasselbe«, sagte er. »Die sieben fetten Kühe und reifen Ähren stehen für sieben Jahre, in denen Ägypten reiche Ernten einfahren wird. Die Bauern werden so viel ernten, dass alle genug zu essen haben und noch eine Menge übrig bleibt. Danach aber werden sieben Hungerjahre folgen, in denen der Wüstenwind die Ernte verdorrt. Dass du es zweimal geträumt hast, bedeutet, dass Gott es ganz sicher vorhat und schon bald geschehen lassen wird.«

Der Pharao sah Josef mit aufgerissenen Augen an, seine Berater begannen zu tuscheln. Josef begriff, dass sie nicht wussten, was sie tun sollten.

Da wagte es Josef, dem Pharao einen Rat zu geben.

»Du musst einen Verwalter bestellen«, sagte er. »In den sieben reichen Jahren muss er all das überflüssige Getreide sammeln und in Lagerhallen aufbewahren, dann leidet Ägypten auch in den Dürrejahren keinen Hunger.«

Der Reihe nach blickte der Pharao seine Berater an. Warum seid ihr nicht darauf gekommen?, sollte das heißen. Weil ihm Josefs Vorschlag so gut gefiel, ernannte er ihn kurzerhand zum Verwalter.

Tatsächlich trugen die Felder in den nächsten Jahren Getreide im Überfluss.

Die Menschen wurden leichtsinnig. Manch ein Bauer wollte nur ernten, was er zum Leben brauchte, und den Rest einfach verderben lassen. »Wieso soll ich mich mehr quälen als nötig?« Andere wollten möglichst viel an die Nachbarvölker verkaufen.

Aber Josef ließ nicht zu, dass Getreide verschwendet wurde. Er sammelte so viel, wie er nur konnte.

Die Bauern verstanden nicht, warum er das machte. »Haben wir nicht genug zu essen? Was soll dieser Unsinn?« Sie schüttelten die Köpfe. »Na ja, er ist ja auch ein Fremder.«

Dann aber kamen die Dürrejahre. Zuerst lebten die Bauern noch von ihren Vorräten, aber die waren schnell aufgebraucht. Da erinnerten sie sich an Josef. »Hat der Verwalter nicht die Lagerhallen voll mit Getreide?«, fragten sie. Josef öffnete sie. Er verkaufte Getreide für den Preis, den er den Bauern beim Ankauf bezahlt hatte. Die Menschen lobten Josef. »Wer hätte das gedacht?«, fragten sie. »Pharao war klug, als er Josef zum Verwalter machte.«

Missernte folgte auf Missernte, aber trotzdem mussten die Menschen in Ägypten nicht hungern.

3. Josef stellt seine Brüder auf die Probe

Auch in Kanaan verdorrte der Wüstenwind die Ernte. Jakob, seine Familie und die Familien seiner Söhne mussten hungern. Jakob hatte wieder elf Söhne, denn Rahel hatte einen zweiten Sohn geboren.

»Gott will uns trösten, weil Josef tot ist«, sagten Jakob und Rahel und nannten ihn Benjamin.

Eines Tages hörten sie, dass es in Ägypten Getreide zu kaufen gab. Ein kluger Mann hätte dort Vorratslager angelegt, erzählten die Karawanenführer.

Jakob zögerte, bevor er seine Söhne losschickte. Er wollte nicht noch ein Kind verlieren. Aber irgendwann war der Hunger so groß, dass ihm kein anderer Ausweg einfiel.

»Passt auf euch auf«, sagte Jakob, als seine Söhne loszogen. »Kommt alle gesund zurück!« Benjamin war noch zu klein für die gefährliche Reise. Seine Brüder waren einverstanden, dass er bei den Eltern blieb.

In Ägypten wurden sie sofort vor Josef geführt. Josef trug die kostbare Kleidung eines Beamten des Pharaos. Deshalb erkannten sie ihn nicht. Josef aber erkannte sie sofort. Sein Herz schlug ihm bis zum Hals.

Als sie vor seinem Stuhl knieten und um Getreide baten, erinnerte er sich an seinen Traum mit den Garben. Hoch aufgerichtet, saß er nun über ihnen und sie verbeugten sich vor ihm. Gott hatte ihm im Traum vorausgesagt, was passieren würde.

Er verriet nicht, wer er war, sondern redete über einen Dolmetscher mit ihnen. »Woher seid ihr?«

»Aus Kanaan«, antwortete Ruben.

»Warum soll ich glauben, dass ihr wirklich nur Getreide wollt? Vielleicht seid ihr Spione. Gebt's zu, ihr wollt unser Land auskundschaften und dann mit einem Heer zurückkommen und Ägypten überfallen.«

Schweiß trat den Brüdern auf die Stirn. Sie hatten Angst um ihr Leben.

»Um Gottes willen«, antwortete Ruben. »Vermute nichts Böses von uns, Herr. Wir sind die Söhne eines einfachen Bauern. Elf sind wir, der jüngste, Benjamin, ist bei unserem Vater Jakob geblieben. Und ein Bruder...« – er zögerte, weil er nicht wusste, wie er es erklären sollte –, »...einer ist verloren gegangen. Wie sollten wir auf die Idee kommen, das riesige Ägypten zu überfallen?«

Josef stutzte. Er hatte also noch einen Bruder. Einen, der keine Schuld daran trug, dass er verkauft worden war. Wie gern würde er Benjamin sehen!

Er beschloss seine Brüder auf die Probe zu stellen.

»Wenn ihr mir Benjamin bringt, will ich glauben, dass ihr keine Kundschafter seid. Dann sehe ich, ob ihr die Wahrheit sagt oder nicht. Holt ihn her! Getreide dürft ihr mitnehmen, aber einer von euch bleibt solange mein Gefangener. Dann bin ich sicher, dass ihr zurückkommt.«

Tränen standen ihnen in den Augen. Sie hatten Hunger, doch im Gefängnis dieses strengen Verwalters wollte niemand von ihnen bleiben.

Aber sie sahen keinen Ausweg. Zu Hause warteten die Eltern und Benjamin. Auch sie hungerten. Wenn sie ohne Getreide zurückkämen, würden sie alle sterben.

»Das ist die Strafe dafür, dass wir unseren Bruder verkauft haben«, sagte Ruben. Er glaubte, Josef könnte ihn nicht verstehen, aber Josef hörte alles. Als er sah, wie niedergeschlagen sie waren, konnte er seine Gefühle nicht unterdrücken. Schnell verließ er den Raum. Erst in seinem Zimmer, als ihn auch die ägyptischen Diener nicht mehr hörten, schluchzte er laut vor Kummer.

Dann fasste er sich, ging zurück und nahm Simeon gefangen. Simeon hatte dafür gesorgt, dass Josef in den Brunnen geworfen wurde. Er hatte die Strafe verdient.

»Packt ihnen die Säcke voll Getreide!«, befahl Josef seinen Dienern. Aber leise, sodass ihn die Brüder nicht hören konnten, fügte er hinzu: »Legt das Geld, das sie dafür bezahlen, oben auf das Getreide. Ihr gefangener Bruder soll uns als Preis reichen.«

Als die Brüder nach Hause kamen, fanden sie die Münzen oben in den Getreidesäcken und wunderten sich.

»Was ist das für ein Mann, der uns den Bruder nimmt, aber sein Getreide schenkt?«, fragten sie sich.

Jakob war tieftraurig. »Ihr sorgt noch dafür, dass ich alle meine Kinder verliere«, sagte er. »Josef ist tot, Simeon ist nicht mehr da und Benjamin wollt ihr mir auch wegnehmen. Ich werde nicht zulassen, dass ihr noch mal zu diesem Mann geht.«

Aber auch die nächste Ernte vertrocknete auf den Feldern. Das mitgebrachte Getreide ging zur Neige.

»Wir müssen wieder zu dem Ägypter, um Getreide zu kaufen«, sagte Ruben.

»Aber auf keinen Fall lasse ich Benjamin mit euch ziehen«, antwortete Jakob.

Ruben fiel es schwer, ruhig zu bleiben. »Vater, wenn wir ohne Benjamin kommen, wird der Mann uns alle gefangen nehmen. Dann wird keiner von uns zurückkehren. Lass Benjamin mit uns reisen. Beim Leben meiner eigenen Söhne bürge ich für ihn.«

Jakob seufzte. Er sah keinen Ausweg. »Dann tut es in Gottes Namen.«

Die Brüder nahmen ein Geschenk für Josef mit und reichten es ihm, als sie zu ihm kamen.

Josef dankte ihnen. »Geht es eurem Vater gut?«, fragte er.

Sie nickten. »Unser Vater ist gesund«, antworteten sie. »Auch seine beiden Frauen.«

Josef begrüßte jeden Einzelnen von ihnen, dann stand er vor Benjamin. »Ist das euer jüngster Bruder?« Die Frage war überflüssig. Josef bemerkte sofort die Ähnlichkeit zwischen sich und Benjamin. Er sah, dass er der Sohn von Jakob und Rahel war. Er war sein richtiger Bruder.

»Hab keine Angst vor mir«, sagte er, »ich werde dir nichts . . .« Es verschlug ihm die Stimme. Er konnte nicht weiterreden. Schnell verließ er den Raum, um wieder allein in seinem Zimmer zu weinen. Es dauerte einige Zeit, bis er sich fasste. Ich muss sie auf die Probe stellen, dachte er. Ich muss es so einrichten, dass Benjamin in Not kommt. Dann werde ich sehen, ob sie ihren jüngsten Bruder im Stich lassen oder ob sie zu ihm halten.

Er ging zurück und lud sie alle zum Essen ein. In der Reihenfolge ihres Alters ließ er sie an den Tisch setzen, vom Ältesten bis hinunter zu Benjamin. Auch Simeon wurde aus dem Gefängnis geholt. Sie wunderten sich. »Woher kennt der Mann unser Alter?«, fragten sie sich leise. »Wir sind alle erwachsene Männer. Man kann uns nicht ansehen, wer ein Jahr jünger oder älter ist.«

Aber sie wagten nicht Josef zu fragen, woher er es wusste. Von allen Speisen, die aufgetragen wurden, bckam Benjamin die doppelte Menge.

Dann befahl Josef seinen Dienern die Säcke der Besucher mit Getreide zu füllen. Das Geld sollten sie wieder oben auf das Getreide legen, in Benjamins Sack aber zusätzlich Josefs silbernen Becher.

Die Brüder waren froh, dass ihr zweiter Einkauf so gut ausgegangen war. Sie machten sich auf die Heimreise und freuten sich auf Jakobs strahlendes Gesicht, wenn sie wieder alle zusammen wären. Da holten sie Josefs Soldaten in ihren Streitwagen ein.

»Warum bestehlt ihr unseren Herrn, der so freundlich zu euch gewesen ist?«, riefen die Soldaten.

Ängstlich sahen sie sich an. »Wir sind glücklich, dass euer Herr uns zum Essen eingeladen hat«, sagte Ruben. »Niemals kämen wir auf die Idee, ihn zu bestehlen. Wer das von uns getan hat, muss hart bestraft werden.«

»Dann wollen wir mal sehen.« Die Soldaten nahmen ihnen die Säcke ab. Sie fingen bei Ruben an und öffneten einen nach dem anderen. Außer dem Geld, das wieder oben auf dem Getreide lag, fanden sie nichts. Aber das Geld interessierte die Soldaten nicht. Die Brüder wollten schon aufatmen. Da öffneten die Soldaten Benjamins Sack und zogen den silbernen Becher hervor.

»Was haben wir denn da?«, rief der Anführer der Soldaten. »Wussten wir's doch! Einer von euch ist ein Dieb!« Benjamin sah seine Brüder hilflos an. Er begriff nicht, was mit ihm geschah.

»Ihr anderen dürft nach Hause«, sagte der Anführer. »Euren jüngsten Bruder aber nehmen wir mit.«

»Dann kommen wir auch mit«, entgegnete Ruben. »Niemals lassen wir Benjamin im Stich.« Hinter den Streitwagen der Ägypter ritten sie zurück in die Stadt.

Kurz darauf standen sie vor Josef. Es kam ihnen so vor, als sähe Josef sie gar nicht so böse an, wie sie das nach dem Auffinden seines Bechers in Benjamins Sack erwartet hatten. Fast kam es ihnen so vor, als würde er sich freuen sie alle zu sehen. Aber was er ihnen sagte, war genau das Gegenteil.

»Ihr hättet nicht mitzukommen brauchen«, wandte sich Josef an Ruben. »Ich will nur den Dieb bestrafen. Ihr anderen dürft nach Hause.«

Da trat Ruben einen Schritt vor. »Herr, verzeih, dass ich dir widerspreche«, sagte er. »Lass mich dein Gefangener sein. Bestrafe mich, aber erlaube, dass unser jüngster Bruder nach Hause darf. Er ist der zweite Sohn unseres Vaters mit seiner Frau Rahel. Der älteste ist verschollen. Wenn wir ohne Benjamin kämen, würde unser Vater sterben. Und das Leid unseres Vaters können wir nicht mit ansehen.« Die anderen nickten.

Da konnte Josef nicht mehr. Er befahl den ägyptischen Dienern den Raum zu verlassen. Sie sollten nicht sehen, was passierte. Dann ließ er seinen Tränen freien Lauf. Er weinte laut. »Erkennt ihr mich denn nicht?«, rief er. »Ich bin es doch, Josef, euer Bruder.«

Mit weit aufgerissenen Augen starrten sie ihn an.

»Habt keine Angst«, sagte er. »Ich weiß jetzt, dass Gott alles so gewollt hat. Er wollte, dass ich in Ägypten Getreide sammle, damit ich euch retten kann. Ich habe gesehen, dass ihr euren jüngsten Bruder nicht verraten habt. Deshalb will ich euch verzeihen.«

Da nahmen sie sich in die Arme, und keiner von ihnen schämte sich, dass ihm Tränen über die Wangen liefen.

Nach einigen Tagen schickte Josef seine Brüder zurück. Sie hatten so viel Getreide dabei, wie ihre Esel tragen konnten.

»Grüßt meinen Vater!«, rief Josef ihnen nach. »Und wenn ihr noch mal herkommt, bringt ihn und meine Mutter mit.«

Tatsächlich zog nach einigen Monaten, als die Vorräte wieder verbraucht waren, Jakobs ganze Familie nach Ägypten. Jakob und Rahel waren schon alt, aber der Gedanke, Josef noch einmal zu sehen, ließ sie die Strapazen der Reise durchhalten. Und tatsächlich konnten sie ihn nach all den Jahren, in denen sie geglaubt hatten, dass Josef tot sei, wieder in ihre Arme schließen.

Selbst der Pharao hörte davon, dass Josefs Familie gekommen war. Er lud sie ein, so lange in Ägypten zu wohnen, wie sie es wollten.

Das Kind aus dem Schilfrohrkörbchen

Moses Geburt

Jakobs Söhne bekamen viele Kinder in Ägypten. Zwölf Stämme entwickelten sich aus ihren Familien. Zusammen bildeten sie das Volk Israel. Genau so, wie Gott es Abraham versprochen hatte.

Auf Ägyptens Thron saß längst ein anderer Pharao. Er wusste nicht mehr, dass Josef das Land in den Hungerjahren gerettet hatte.

»Ich kann die Israeliten gut als Sklaven gebrauchen«, sagte er. »Sie sollen mir beim Bau der Paläste und Tempel helfen.«

Steine mussten Jakobs Nachkommen behauen und zu den Baustellen des Pharaos schleppen. Sie schwitzten und stöhnten unter der Last, aber der Pharao hatte kein Mitleid. Immer größere Paläste ließ er sie bauen. Aber die Israeliten bekamen viele Kinder. Je größer das Volk wurde, desto mehr Angst bekam der Pharao vor ihm.

»Wenn sie noch zahlreicher werden«, fürchtete er, »machen sie einen Aufstand gegen mich und stoßen mich vom Thron.«

Deshalb gab er einen grausamen Befehl: Seine Soldaten sollte alle Söhne, die den Israeliten geboren wurden, töten. Die Mädchen durften am Leben bleiben. Sie würden ja nicht mit Schwertern gegen ihn kämpfen.

So wurde das Leid, das Israel erdulden musste, noch größer.

Gott merkte, dass er seinem Volk helfen musste.

Eines Tages bekam eine israelitische Frau wieder einen Jungen. Er hatte strahlende Augen, lachte sie an, und sie musste weinen bei dem Gedanken, dass Soldaten kommen würden, um ihn zu töten.

Deshalb versteckte sie den Jungen in ihrer Hütte. Aber das ging nicht lange gut. Der Junge schrie, wenn er Hunger hatte. Zuerst konnte man es nur in der Hütte hören, bald aber drang sein kräftiges Schreien nach draußen. Jeden Moment konnten die ägyptischen Soldaten kommen und ihn holen.

Die Frau weinte. Sie wusste nicht mehr ein noch aus. Da kam ihr eine Idee.

Aus dem Schilfrohr, das am Ufer des Nils wächst, baute sie ein kleines Körbchen. Dahinein legte sie den Jungen. Dann rief sie ihre ältere Tochter.

»Setze das Körbchen auf die Wellen des Flusses«, sagte sie, »und lauf mit der Strömung, um zu sehen, wohin es treibt.«

Die Tochter trug das Körbchen zum Nil. Sie hörte, wie ihr Bruder sich darin bewegte. Als sie es auf die Wellen setzte, gluckste der Kleine vor Lachen. Wahrscheinlich glaubte er, die Mutter würde ihn schaukeln.

Der Nil zog das Körbchen in die Mitte des Stroms. Die Schwester rannte hinterher. Das Körbchen schaukelte bedenklich auf den Wellen. Sie hatte Angst, dass es voll Wasser laufen und untergehen könnte.

Aber Schilfrohre sind leicht, sie gehen nicht unter. Das hatte die Mutter bedacht. Mit der Zeit kamen sie in die Nähe des Palastes vom Pharao. Das Körbchen trieb jetzt nahe am Ufer. Da sah die Schwester, dass die Tochter des Pharaos im Nil badete. Ihre Dienerinnen passten auf sie auf.

»Seht mal, was da schwimmt!«, rief die Tochter des Pharaos. Eine Dienerin zog das Schilfkörbchen mit einem Stock zum Ufer.

»Lass es mich aufmachen!«, rief die Tochter des Pharaos. »Ich will sehen, was darin ist.« Sie hob den Deckel hoch.

»Schaut mal, ein Junge!«, rief sie. »Und wie er mich anlacht. Nein, ist der hübsch!«

»Das ist ein Sohn der Israeliten«, sagte eine Dienerin. »Du weißt, was dein Vater befohlen hat.«

»Ach was!« Die Tochter des Pharaos winkte ab. »Er muss ja nicht alles wissen, mein Vater. Der Kleine lacht so schön, deshalb will ich ihn behalten.«

»Aber du kannst ihn doch gar nicht großziehen«, sagte eine andere Dienerin. »Er ist noch ein Baby, er braucht Muttermilch. Wer soll ihn denn säugen?«

Da sah die Schwester am Ufer ihre große Chance gekommen. Sie lief hinüber zu den Badenden.

»Ich kenne eine Frau, die genug Muttermilch hat. Sie würde ihn gerne säugen«, sagte sie.

Die Tochter des Pharaos klatschte in die Hände. »Du kommst wie gerufen!«, rief sie. »Hol mir die Frau. Ich will sie sehen.«

Die Schwester spürte den Blick einer Dienerin auf sich gerichtet. Die Dienerin hatte ihren Plan durchschaut. Schnell lief sie weg und holte ihre Mutter.

Die war ganz aufgeregt.

»Die Tochter des Pharaos hat ihn gefunden?«, rief sie ein paar Mal. »Nein, so ein Glück! Das ist die Rettung für meinen Jungen!«

Als sie wieder zum Ufer kamen, hielt die Tochter des Pharaos den Jungen im Arm. Ihre Dienerinnen umringten sie. Auch sie fanden den Jungen niedlich.

»Bist du die Frau, die ihn großziehen kann?«, fragte sie, als die Mutter zu ihr trat.

Die Mutter nickte. »Mein eigener Sohn ist gestorben«, sagte sie. »Ich habe genug Milch.«

»Gut, dann gebe ich ihn dir. Meine Dienerin wird dich begleiten. Sie wird den Soldaten sagen, dass sie dem Kleinen nichts tun dürfen, weil er unter meinem Schutz steht. Und sie wird sich merken, wo du wohnst.«

Die Mutter hörte gar nicht richtig zu. Sie begriff nur, dass sie ihren Sohn großziehen durfte.

»Pass gut auf ihn auf«, fuhr die Tochter des Pharaos fort. »Wenn er älter geworden ist, wird meine Dienerin wiederkommen und ihn holen. Denn er ist mein Kind, weil ich ihn gefunden habe.«

Diese Worte schmerzten die Mutter, aber sie tröstete sich mit dem Gedanken, dass ihr Sohn leben würde. Anders als die Söhne der übrigen Israelitinnen.

Als er ein richtiger Junge geworden war, stand eines Tages die Dienerin vor der Tür. Die Mutter wusste, was das bedeutete. Sie weinte. Auch der Junge weinte, denn er wollte nicht weg von seinen Eltern und seiner Schwester.

Die Schwester ging mit, um ihm den Umzug in den Palast so leicht wie möglich zu machen. Sie trug seine Spielsachen, die Soldaten und Tiere aus Holz, obwohl sie wusste, dass ihr Bruder nun viel schönere Spielsachen bekommen würde. Aber der Junge hatte sich an seine Holzfiguren gewöhnt. Ohne sie wäre er nicht mitgegangen.

Am Palasttor blieb die Schwester stehen. Sie durfte nicht weiter mitgehen. Ihr Bruder drehte sich noch einmal zu ihr um, dann wurde das Tor hinter ihm geschlossen.

Die Tochter des Pharaos wartete schon auf ihn.

»Weißt du, wie ich dich nennen werde?«, rief sie, als er vor ihr stand. »Mose sollst du heißen. Mose heißt ›Aus dem Wasser gezogen‹. Genau so war es, als ich dich gefunden habe. Ich habe dich aus dem Wasser gezogen.«

Mose gewöhnte sich an das Leben im Palast. Alles, was er sich wünschte, wurde ihm gebracht. Sein Holzspielzeug aber gab er nicht ab. Das blieb bei ihm, bis es endgültig kaputt war.

Im Palast gab es eine Schule. Dort lernten die Kinder des Pharaos und die Kinder seiner Beamten. Auch Mose lernte dort. Bald konnte er lesen, schreiben und rechnen. Anders als die übrigen Kinder des Volkes Israel, die Steine schleppen mussten und nichts lernen durften. Es war wichtig, dass Mose zur Schule ging, denn Gott hatte eine wichtige Aufgabe für ihn. Um sie zu erfüllen, musste er viel wissen.

Der Verrat an Gott

Israels Tanz um das Goldene Kalb

Als Mose groß geworden war, erwählte Gott ihn zum Anführer seines Volkes. Mose sollte es aus der Sklaverei der Ägypter führen.

Aber Gott musste die Ägypter erst hart bestrafen, bevor der Pharao die Israeliten ziehen ließ.

Zu dieser Zeit zeigte sich Gott den Menschen nicht mehr direkt. Als er Mose erklärte, was er dem Pharao sagen sollte, sprach er aus einem brennenden Dornbusch zu ihm. Der Busch brannte lichterloh, aber er verbrannte nicht. Da wusste Mose, dass es Gott war, der zu ihm sprach.

Der Weg aus Ägypten führte zuerst in die Wüste. Gott musste dem Volk helfen den richtigen Weg zu finden. Als Wolkensäule ging er ihnen am Tag voraus, als Feuersäule in der Nacht. Mose verstand, dass Gott ihnen den Weg wies. Aber viele der Israeliten verstanden es nicht, obwohl Mose es ihnen erklärte. Selbst Aaron, Moses Helfer, glaubte, dass es einfach nur Wolken waren, die am Tag vor ihnen herzogen. Und dass ein leuchtendes Abendrot bis tief in die Nacht hinein glühte.

Die Wüste war karg, sie hatten wenig zu essen. Als die Ersten hungerten, fingen sie an zu jammern.

»Wären wir doch in Ägypten geblieben«, klagten sie. »Dort waren wir zwar Sklaven, aber wir hatten genug zu essen.«

Mose ärgerte sich. So schnell hatten sie Gottes Hilfe vergessen! Aber Gott beruhigte ihn.

»Warte bis morgen«, sagte er, »dann habt ihr genug Nahrung.«

Am anderen Morgen war der Wüstensand mit weißen Körnern übersät. Es sah so aus, als wäre über Nacht Reif gefallen. Die Israeliten probierten die Körner und sie schmeckten ihnen. »Gott hat es Mannah regnen lassen«, erklärte Mose. »Das ist das Brot, das er euch gegeben hat.«

Alle wurden satt. Bald aber hatten sie Durst.

»Wären wir doch in Ägypten geblieben«, klagten sie. »Dort waren wir zwar Sklaven, aber wir hatten genug zu trinken.«

»Schlage mit deinem Wanderstab gegen einen Felsen«, sagte Gott. Mose tat es. Da floss Wasser aus dem Fels und die Israeliten konnten ihren Durst stillen.

Gott führte sie zum Berg Sinai. »Hier werde ich dir die Zehn Gebote geben, die jeder, der an mich glaubt, halten soll. Das Volk soll am Fuße des Berges lagern, aber du sollst hinaufsteigen bis auf die Spitze, die die Wolken verdecken. Dort will ich dir meine Gebote sagen und du sollst sie aufschreiben.«

Mose erklärte dem Volk, was passieren würde. »Ich werde eine Zeit lang weg sein«, sagte er. »Wartet auf mich und tut nichts, was Gott missfällt.«

Am Gipfel des Berges nannte Gott ihm seine Gebote.

»Es gibt nur einen Gott, nämlich mich.

Ihr sollt euch kein Bild von mir machen, denn ich bin unsichtbar.

Ihr sollt nicht töten.

Ihr sollt nicht stehlen.

Ihr sollt nicht lügen . . .«

Mose hörte zu und meißelte die Gebote in zwei Steintafeln. Sie würden nicht verwittern, wie es Papyrusrollen taten, meinte Mose. Immer würden die Steintafeln beim Volk sein, und so würde Israel nicht vergessen, was Gott von ihm wollte.

Es dauerte lange, bis Mose alles aufgeschrieben hatte. Je länger es dauerte, desto unruhiger wurden die Israeliten in ihrem Lager am Fuße des Berges.

»Dieser Mose kommt nicht mehr zurück!«, riefen die Ersten. »Er hat sich längst aus dem Staub gemacht. Was haben wir davon, dass er uns aus Ägypten geführt hat? Er hat es doch nur getan, damit wir in der Wüste umkommen!«

Aaron versuchte sie zu beruhigen. »Mose kommt bestimmt zurück«, sagte er, »glaubt mir.« Aber so richtig glaubte er selbst nicht daran. Immer wieder schaute er zum Berg hinüber, ob er nicht endlich eine Gestalt erkannte, die den Abhang herunterkam. Aber er sah dort niemanden. Mose blieb verschwunden.

»Überlegt mal, was das für ein Gott ist, von dem Mose uns erzählt«, riefen die Israeliten. »Nicht mal sehen oder hören kann man ihn. Immer sind wir auf das angewiesen, was uns dieser Mose von ihm erzählt. Wer sagt uns denn, ob das alles richtig ist?«

Aaron wusste nicht mehr, was er antworten sollte. Er war selbst im Zweifel. Vor allem hatte er Angst, dass sie nie mehr aus der Wüste herausfinden würden. So sicher, wie Mose den Weg hierher gefunden hatte, würde er nicht zurückfinden.

Die Menschen bedrängten ihn. »Du bist auch schuld daran, dass wir hier sind«, riefen sie. »Verschaff uns einen richtigen Gott, der uns hier rausholt. Einen, den wir auch sehen können.«

Aaron gab nach. Er hatte selbst jede Hoffnung auf Mose verloren.

»Gebt mir eure goldenen Armreifen und Ohrringe!«, befahl er. Sie taten es, obwohl sie ihr Gold ungern abgaben. Aber es sollte ja zu ihrer Rettung dienen.

Aaron grub ein Loch in die Erde. Er gab ihm die Form eines Kalbes. Dann schmolz er das Gold ein und goss es in die Form. Als es abgekühlt war, grub er die Figur aus. Ein Goldenes Kalb war entstanden, mit Hörnern wie bei einem Stier. Aaron hielt es hoch.

»Dies ist euer Gott, Israel!«, rief er. »Seht ihr, wie er blinkt im Sonnenlicht?«

»Wir sehen es!«, riefen sie. »Endlich haben wir einen Gott, der wirklich bei uns ist.«

Eine Karawane zog vorbei. Schläuche mit Wein hingen an den Kamelen. Schnell nahmen die Israeliten ihr restliches Gold und kauften den Treibern den Wein ab.

Sie tranken und tanzten um das Kalb herum. Sie sangen und johlten, rissen sich die Kleider vom Leib und tanzten die ganze Nacht hindurch.

Am anderen Morgen schlachteten sie eine Ziege und ein Schaf und opferten sie ihrem Goldenen Kalb.

Gott hörte ihr Johlen. Er wurde zornig.

»Immer wieder verraten sie mich!«, schimpfte er. »Jetzt haben sie sich ein Kalb gegossen und verehren es, wie sie mich verehren sollten. Es ist ein untreues Volk. Ich will es vernichten und mit dir neu anfangen.«

Mose war entsetzt. »Tu das nicht, Herr«, sagte er. »Denke daran, was die Ägypter dann über dich sagen werden. Erst gibt er sich alle Mühe, sein Volk aus Ägypten zu führen, werden sie sagen. Aber dann vernichtet er es am Berg Sinai. So einer ist der Gott des Volkes Israel.«

Gott hörte auf Mose. »Du hast Recht«, sagte er. »Geh aber hinunter und zerstöre ihren Götzen!«

Mose kletterte den Berg hinab. Er trug die Steintafeln mit den Zehn Geboten unter dem Arm. Je näher er dem Lager kam, desto deutlicher hörte er das Gekreische. Da wurde er wütend. Sein Zorn wurde so groß, dass er die Steintafeln gegen einen Felsen schleuderte. Krachend zersplitterten sie.

Als die Israeliten Mose kommen sahen, erschraken sie. Ihr Gegröle wurde leiser, immer mehr hörten auf zu tanzen.

Zum Schluss standen sie mit gesenkten Köpfen um ihr Goldenes Kalb herum.

»Verräter seid ihr!«, schrie Mose. »Kaum lässt man euch allein, schon fallt ihr von Gott ab.«

Er riss das Goldene Kalb von dem Altar, den sie errichtet hatten. Er versuchte es zu verbrennen. Aber Feuer konnte dem Gold nichts anhaben.

Ich muss es so machen, dass sie selbst das Kalb vernichten, dachte er. Dann werden sie nie wieder eine Götzenfigur anbeten.

Er begann das Kalb zu zermahlen. Aaron half ihm dabei. »Verzeih mir, Mose«, sagte er. »Sie haben mich bedrängt es zu tun. Und ich hatte selbst keine Hoffnung mehr.«

Mose antwortete nicht, aber er ließ Aaron gewähren.

Die Israeliten wagten nicht Mose das Goldene Kalb wegzunehmen. Wie erstarrt standen sie vor ihm, so ein schlechtes Gewissen hatten sie.

Es dauerte lange, bis das Kalb zermahlen war und ein Haufen Goldpulver vor Mose lag. Mose mischte das Pulver in Wasser und zwang die Israeliten es zu trinken. Sie tranken und vernichteten auf diese Weise selber ihr Goldenes Kalb. Nichts blieb von ihm übrig, das sie anbeten konnten.

Ein paar Männer und Frauen hatten nicht mitgemacht bei dem Tanz um das Kalb. Mose sammelte sie um sich.

»Ihr werdet mir ab jetzt helfen«, sagte Mose.

Dann kletterte Mose wieder hinauf auf den Berg.

»Meißle mir zwei Steintafeln aus dem Felsen«, sagte Gott. Mose tat, was Gott ihm befohlen hatte.

Mit einem Blitz schrieb Gott die Zehn Gebote in die Tafeln. Mose trug sie hinunter ins Lager.

»Gott ist unsichtbar«, sagte er. »Aber auf diesen Tafeln kann jeder nachlesen, was er von den Menschen verlangt. Wer die Zehn Gebote hält, braucht sich kein Kalb aus Gold zu gießen.«

Sie bauten eine Kiste für die beiden Steintafeln und legten sie hinein.

Bundeslade nannten sie sie. Vier Griffe befestigten sie daran und trugen die Lade mit, wohin sie auf ihrer Wanderung kamen.

Dann bauten sie ihre Zelte ab und zogen weiter.

Gott hatte aber beschlossen, dass niemand, der beim Tanz um das Goldene Kalb mitgemacht hatte, nach Kanaan kommen sollte. Vierzig Jahre lang führte er sein Volk durch die Wüste. So lange, bis der letzte Sünder alt geworden und gestorben war. Erst ihre Kinder durften das Land betreten, das Gott Israel versprochen hatte.

Auch Mose durfte es nicht betreten. Aber Gott ließ ihn so lange leben, bis sie in die Nähe von Kanaan kamen. Dann führte er Mose auf einen Berg und zeigte ihm das Land, in dem das Volk von nun an leben würde. Da war Mose schon uralt.

Er freute sich Kanaan wenigstens noch zu sehen. Sein Leben war nicht umsonst gewesen. Kurz danach starb er.

Flucht vor Gottes Auftrag

Jona und der Wal

In der Gegend, aus der Abraham stammte, gab es eine riesige Stadt. Ninive hieß sie. In Ninive hielt sich niemand an Gottes Gebote. Wer dort etwas kaufte, wurde garantiert betrogen. Entweder war die Ware schlecht oder er musste viel zu viel dafür bezahlen. Es wurde gelogen, gestohlen, die Ehe gebrochen. Wer von den Einwohnern etwas versprach, dachte im nächsten Moment nicht mehr daran, sein Wort zu halten.

Jona lebte weit weg von Ninive, in Israel. Er war ein frommer Mann, aber er hatte schon viel von der schrecklichen Stadt gehört.

Eines Tages sprach Gott zu ihm: »Jona, geh nach Ninive. Sage den Menschen dort, dass ich zornig bin über sie. Ich habe gesehen, wie sie lügen und betrügen. Deshalb habe ich beschlossen die Stadt zu zerstören. Wenn das Unglück über sie kommt, sollen sie wenigstens wissen, warum es geschieht.«

Jona bekam Angst. Was werden die Einwohner von Ninive tun, wenn ich ihnen sage, dass Gott ihre Stadt zerstören wird?, dachte er. Sie werden doch deshalb keine besseren Menschen werden. Bestimmt werden sie zornig werden auf mich. Sie werden mich einsperren, vielleicht sogar umbringen!

Aber er gab nicht zu, dass er Angst hatte. Er tat einfach so, als wollte er wirklich nach Ninive gehen. Aber heimlich, als er glaubte, Gott würde es nicht bemerken, bog er vom Weg ab und lief in die Hafenstadt Joppe.

Dort fand er ein Schiff, dass ihn nach Tharsis bringen sollte. In Tharsis, weit weg von Israel, würde Gott ihn nicht finden, hoffte er.

Während der Überfahrt ging er unter Deck und legte sich schlafen, denn er war müde von dem langen Marsch nach Joppe.

Da brach ein furchtbarer Sturm los. Die Wellen hoben das Schiff empor und ließen es tief in ein Wellental stürzen. Die Seeleute versuchten das Schiff auf Kurs zu halten, aber sie schafften es nicht. Steuerlos tanzte es auf dem brausenden Meer und drohte jeden Moment unterzugehen.

Die Seeleute begannen zu beten: »Herr«, riefen sie, »rette uns! Lass das Schiff nicht untergehen. Wer soll unsere Frauen und Kinder ernähren?« Aber der Sturm heulte weiter, riesige Wellen krachten gegen die Bordwand.

»Es ist jemand unter uns, den Gott strafen will«, sagten sie schließlich. »Anders ist der Sturm nicht zu erklären. Lasst uns das Los werfen, dann werden wir sehen, wer es ist.«

Der Kapitän ging unter Deck. Er weckte Jona, der von dem Sturm noch gar nichts mitbekommen hatte.

»Los, du musst beim Loswerfen auch mitmachen. Wir wollen sehen, wer gegen Gott gesündigt hat.«

Jona warf das Los, aber er ahnte schon vorher, dass er die Niete ziehen würde. Genauso geschah es. Der Wind heulte, eine Welle erfasste das Boot. Im letzten Moment konnten die Seeleute sich am Schiffsmast festklammern.

»Was hast du getan, dass Gott so wütend ist auf dich?«, fragten sie Jona.

»Gott hat mir den Auftrag gegeben, Ninive den Untergang anzukündigen. Aber ich hatte Angst davor. Deshalb bin ich geflohen.«

Entsetzt sahen die Seeleute ihn an. »Was sollen wir jetzt mit dir machen?«, fragten sie.

»Ihr müsst mich über Bord werfen«, antwortete Jona. »Erst dann wird Gott dem Sturm befehlen stille zu sein. Es gibt keine andere Lösung.«

Aber das wollten die Seeleute nicht. Einen wehrlosen Menschen über Bord zu werfen war für sie das Feigste, was sie sich denken konnten. Sie versuchten noch einmal das Boot aus dem Sturm zu steuern. Aber es gelang ihnen nicht. Welle um Welle schlug gegen die Bordwand.

Da beteten sie noch einmal: »Verzeih uns, Herr, dass wir Jona über Bord werfen. Aber wir wissen uns keinen anderen Ausweg mehr.«

Dann packten sie Jona und warfen ihn in die Fluten. Im selben Moment verstummte der Sturm. Ungläubig starrten die Seeleute auf das Meer, das spiegelglatt vor ihnen lag.

Gott hatte gewusst, was mit Jona passieren würde. Er hatte einen großen Fisch in die Nähe des Bootes geschickt. Der entdeckte Jona im Wasser und verschluckte ihn.

Jona begriff nicht, was mit ihm geschah. Alles war plötzlich dunkel um ihn herum. War er vielleicht tot? Aber nein, er konnte ja denken, und wenn er sich in den Arm kniff, spürte er den Schmerz. Hatte Gott ihn gerettet? Für einen Moment hatte Jona Hoffnung. Aber drei Tage und drei Nächte lang konnte er die Hand nicht vor Augen sehen. Von allen verlassen, saß er im Bauch des Fisches. Da verzweifelte Jona und begann laut zu beten.

»Aus tiefster Not schrei ich zu dir«, betete er, »denn du allein kannst mich erretten. In der Unterwelt sitze ich und das Meer braust um mich herum. Ewig werde ich dir danken, Herr, wenn du mich aus dieser Finsternis befreist.«

Nach drei Tagen hatte Gott Mitleid mit Jona. Er befahl dem Fisch in die Nähe des Ufers zu schwimmen. Dort spuckte der Fisch ihn aus. Im hohen Bogen landete Jona im weichen Sand.

»Jetzt gehst du aber nach Ninive«, sagte Gott, »und erzählst den Menschen, was ich beschlossen habe.«

Jona nickte. Er war so überrascht von seiner Rettung, dass es ihm die Sprache verschlug.

Ohne Umweg ging er nach Ninive. Die Stadt war so groß, dass er drei Tage brauchte, um sie einmal zu durchqueren. An allen Straßenecken, auf allen Plätzen erzählte Jona, was Gott ihm gesagt hatte: »Betrüger seid ihr!«, rief er. »Lügner, Diebe und Ehebrecher! So schlimm haben die Menschen in dieser Stadt gesündigt, dass Gott beschlossen hat sie zu zerstören.« Nervös blickte er sich um.

Jetzt werden sie mich packen, dachte er. Dann werden sie mich verhauen, einsperren oder umbringen. Aber nichts davon geschah. Die Menschen erschraken, als sie hörten, was Jona ihnen prophezeite.

»Der Mann hat Recht!«, riefen sie. »Es stimmt, was er sagt. Wir hätten uns längst ändern müssen.«

Auch der König von Ninive hörte, was Jona in den Straßen und auf den Plätzen der Stadt verkündete. Er stand von seinem Thron auf, zog seinen

Purpurmantel aus, legte sich einen schwarzen Umhang um und setzte sich in Asche. So machte man das damals, wenn man trauerte oder etwas bitter bereute.

»Alle Bewohner von Ninive sollen es genauso machen wie ich«, befahl der König. »Sie sollen nichts essen und trinken, sondern sich in die Asche setzen und Gott um Verzeihung bitten.« Die Menschen taten, was ihnen der König befahl.

Jona staunte. Das hatte er nie und nimmer erwartet. Die Menschen bereuten tatsächlich, so schlimm war die Stadt ja gar nicht! Auch Gott sah es. Er freute sich.

»Ich sehe, dass ihnen ihre Sünden Leid tun. Deshalb werde ich Ninive doch nicht zerstören«, sagte er zu Jona.

Jona fand das nicht gut. »Was werden die Menschen von mir denken?«, fragte er sich. »Wenn die Strafe ausbleibt, werden sie glauben, dass alles Quatsch war, was ich ihnen erzählt habe. Auslachen werden sie mich.« Er lief aus der Stadt, setzte sich in einiger Entfernung auf den Boden und wartete ab, was passierte.

Gott musste lachen, als er Jona brummig auf der Erde sitzen sah. Er begriff, dass er es tat, weil ihm missfiel, dass Gott gnädig war.

Die Sonne brannte Jona ins Gesicht, aber er rührte sich nicht vom Fleck. Über Nacht ließ Gott einen Rizinusbaum wachsen, der ihm am anderen Tage Schatten spendete. Das fand Jona gut. So würde er es lange aushalten, um zu sehen, was mit der Stadt passierte. Aber in der nächsten Nacht ließ Gott den Baum verdorren. Die Sonne brannte wieder auf Jona, der heiße Ostwind trieb ihm den Schweiß auf die Stirn.

Jona war tieftraurig darüber, dass der Baum verdorrt war. In die Stadt kann ich nicht zurück, dachte er. Und nach Hause auch nicht. Überall werden mich die Leute auslachen, weil nichts von dem passiert, was ich ankündige. Nur hier draußen kann ich bleiben. Aber hier muss ich in der glühenden Sonne sitzen und mir die Haut verbrennen lassen.

»Bist du böse, weil der Baum verdorrt ist?«, fragte Gott. Er ahnte schon, was Jona ihm antworten würde.

»Genau deshalb!«, rief Jona. »Gestern hat er mir Schatten gespendet und heute sitze ich in der prallen Sonne.«

»Überleg mal, was du da sagst«, antwortete Gott. »Ich habe den Baum wachsen lassen, aber du bist es, der traurig über sein Verdorren ist. Dabei hast du doch gar nichts für den Baum getan. Verstehst du jetzt, wie viel trauriger ich sein müsste, wenn ich eine ganze Stadt vernichtet hätte, für die ich vorher so viel getan habe?«

Da begriff Jona, warum Gott Ninive retten wollte.

»Verzeih mir, Herr«, sagte er. »Ich habe mir nur Sorgen um mich selbst gemacht und nicht an dich gedacht.«

Dann stand er auf und ging nach Hause, ohne sich noch einmal nach Ninive umzudrehen. Sollten die Leute denken, was sie wollten. Hauptsache, er hatte Gottes Auftrag ausgeführt. Immerhin hatte er erreicht, dass die Einwohner von Ninive ihre Sünden bereuten.